木村 明憲 [著]
Kimura Akinori

自己調整方略

主体的な学びを
実現する46の手立て

明治図書

はじめに

　本著のタイトル「自己調整方略」は，**「学習者が自ら学習を調整するための学び方」**を提案するために，学校教育における課題を解決し，学習者が主体的に学ぶ授業を実現していきたいという思いで名づけた書名です。

　教育心理学の言葉に「自己調整学習方略」という言葉がありますが，本書の「自己調整方略」と「自己調整学習方略」は「自己調整方略≒自己調整学習方略」といった関係であると考えています。本書を「自己調整方略」と名づけたのは，これまで教育心理学の研究で明らかにされてきた知見を，できるだけ日本の学校教育になじみのある言葉に置き換え，教育現場に生じている問題の解決に活かしていきたいと考えたからです。学校で，児童生徒主体の学習が実現するためには，先生方の授業改善に対する意識の高まりが非常に重要です。そのためには，授業改善に挑まれる先生方にとって，児童生徒の姿をイメージしやすい言葉や文章にする必要があると考えました。

　これらのことから，本書では，教育心理学で明らかにされている「自己調整学習方略」の知見を参考に，教育工学的なアプローチから導き出した，学習者が主体的に学習に取り組むための手法を「自己調整方略」としてまとめていきます。

本著『自己調整方略　主体的な学びを実現する46の手立て』は，前著『自己調整学習　主体的な学習者を育む方法と実践』を引き継ぎ，学習を主体的に進めるうえで，**学習者がどのような力を身につければよいのかを具体化すること**を目的として執筆しました。

　前著では，学校現場で自己調整学習が実現するための方策として，Self-Learning カードを提案し，カードに示したフェーズ・プロセスを基に，自己調整学習の学習過程について解説しました。また，学習者が主体的に学びを進めていくために，レギュレイトフォームと名づけた学習計画表を提案し，フォームを活用した自己調整学習のあり方について掘り下げました。

　前著では，序章において自己調整学習を「自らを幸福にする力」を育む学習であると記しています。この考えは今も変わらず，子どもたちが自ら学習の見通しをもち，実行し，振り返っていくことができるようになることは，日常生活を調整することにつながり，ひいては将来仕事をする際にもその力が発揮されていくものであると確信しています。

　このような考えが確信へと変わってきたのは，前著が出版されて以降，数多くの先生方に前著で示した自己調整学習の考え方に共感いただき，提案したレギュレイトフォームを参考に，独自のフォームを作成して実践に取り組まれている先生方が急増したことによります。また，前著の内容を深め，実践に活かしていきたいと考える先生からお声

はじめに　003

がけをいただいたことで，Facebook 上に設立した「自己調整学習を学ぶ会」は，オンラインでの活動が月に一度のペースで実施されるようになり，参加されている先生方と自己調整学習の実践を積極的に交流するコミュニティに成長しました。

　このように，自己調整学習の実現に向けて実践を積み重ねておられる先生方の授業を拝見すると，児童生徒が目標に向かって自ら作成した学習計画を基に，主体的に学習を調整しながら，粘り強く学習に取り組む姿が見られます。

　特に印象に残っている小学校と中学校の授業を1例ずつ紹介するならば，まず，小学校中学年の国語科の授業で，グループで新聞づくりをする単元の授業が思い浮かびます。この授業では，担任の先生が，図1のようなレギュレイトフォームを作成し，児童に配付されていました。このレギュレイトフォームは，グループ内で共有されており，グル

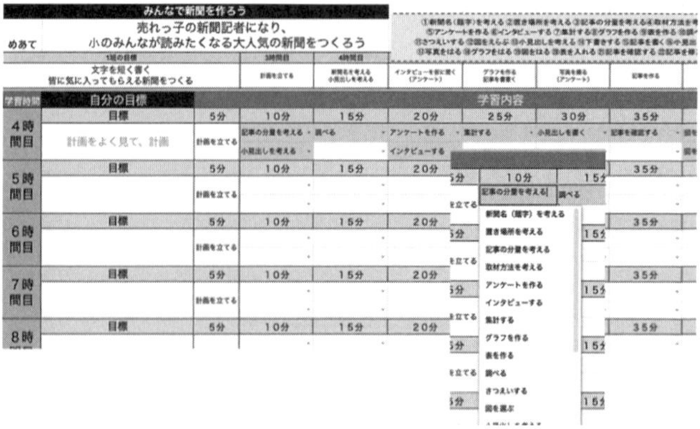

図1　小学校4年生国語科新聞づくりのレギュレイトフォーム

ープ目標・個人の目標，そして１時間の学習活動を５分ごとに設定することができるようになっています。学習活動を設定する際は，設定したい時間のセルをクリックすると，学習活動の候補が表示され，適切な活動を選択することができます。このようなフォームがあることで，授業導入時に教師が発問したり指示を出したりせずとも，児童が主体的に前時の学習を振り返り，その時間の計画を立てて授業をスタートさせるとともに，学習途中に自らの学習を確認し，計画を修正しながら学ぶ姿が実現していました。レギュレイトフォームがあることで，これほどまでに児童が自ら考え，主体的に学習を進めていくことができることに驚いた授業でした。

　次に，中学校の技術科の木工制作の授業が思い浮かびます。この授業においては，単元のはじめに長期的な課題と大まかな計画（図２）が示され，その計画を基に，生徒が配付されたレギュレイトフォーム（図３）に単元の目標（長期目標）とその目標を達成するための１時間ごとの目標（短期目標），そして１時間１時間の学習の計画を記述していました。生徒が書いた学習の計画には，その時間に

	1	2	3	4	5	6	/	8	9	10	11	12	13	14	15
予定	計画		けがき 設計チェック		切断			整地 のこぎり・かんなテスト			接合			仕上げ	
進捗状況															

図２　長期的な学習の計画

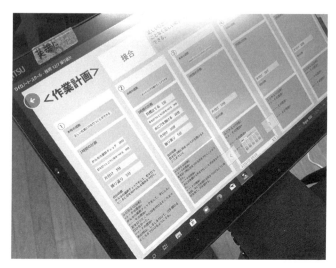

図3　短期目標と1時間の計画を明らかにする
　　　レギュレイトフォーム

取り組む学習活動と，その活動を何分取り組むのかということが明記されており，どの生徒も，時間を意識しながら集中して学習に取り組む姿が見られました。この授業で驚いたことは，作業に集中して取り組むだけでなく，授業の終了時間にすべての生徒が片づけや身の回りの清掃を終わらせ，本時の振り返りを記述していたことです。レギュレイトフォームに学習活動の内容だけでなく，片づけや振り返りの時間配分も記述することで，生徒たちは1時間の学習を完璧に調整することができたのではないかと思いました。

　これらの実践からもわかるように，学習者が自らの学習

を調整するということは，学習者主体の学びが展開されるということであると考えます。そして，そのような学びを繰り返し経験することが，日常生活や仕事を主体的に調整し，自らの幸せに向かって豊かに生きること（Well being）につながっていくのではないかと考えています。

　本書では，前著からの流れを引き継いだうえで，学校現場において学習者の主体的な学びを実現するために，児童生徒が身につけてほしい学び方を「自己調整方略」として，一つひとつ解説します。そして，学習者がそれらの方略を活用しながら学び，身につけていくことにつながる新しいレギュレイトフォーム例を提案します。これにより，児童生徒が自己調整学習者へ至るための道筋が明らかになると考えます。
　本書で紹介する「自己調整方略」が，学校現場における自己調整学習の実現につながれば幸いです。

　2024年7月
　　　　　　　　　　　　　　　　　　　　　　木村明憲

もくじ
Contents

はじめに／002

第1章
自己調整方略とは

1　自己調整学習の概観／016

2　自己調整方略／018

3　自己調整方略リスト／022

4　第2章から第4章の構成／024

第2章
「見通す」フェーズの 自己調整方略

1 課題を分解する／028

2 課題の関係を考える／030

3 解決策を考える／032

4 課題を身近なこと，知っていることと
 結びつける／034

5 課題を解決するとどのようなことがわかるのか，
 できるようになるのかを考える／036

6 課題を解決したときの自分への褒美を考える／038

7 問いを広げる／040

8 問いを順序立てる／042

9 問いを絞る／044

10 目標を達成するとどのような能力が
 高まるのかを考える／046

11 目標を達成するために，どのようなことを
 すればよいかを考える／048

12 学習の最後につくり出せるもの，理解できる
 こと，身につけることができることを予想する／050

もくじ 009

13 長期課題・目標を基に短期課題・目標と
　学習の活動を決める／052

14 方法・方略を決める／054

15 時間配分を決める／056

16 学習計画を基に，学習をうまく
　実行することができるかを考える／058

第3章
「実行する」フェーズの
自己調整方略

17 学習に適切な道具を選択する／064

18 学習に適切な人数や役割を考える／066

19 情報を収集する／068

20 情報を関連づける／070

21 情報を多面的に見て，吟味する／072

22 情報を構造化し，考えをつくる／074

23 新たな価値を創造する／076

24 創造した価値を発信する／078

25 大切な情報を繰り返し言ったり，
書いたりして理解を深める／080

26 学習が課題・目標からずれて
いないかを確認する／082

27 実行している方法・方略が適切かを確認する／084

28 計画を基に時間配分を確認する／086

29 学習に取り組みやすい物的・人的環境に
なっているかを確認する／088

30 自分に質問するようにして，学習の進捗を
確認したり，内容の理解を深めたりする／090

31 学習に向かう自らの気持ちを確認する／092

32 学習の進捗について確認したことや，
学習中に大切だと思ったことを記録する／094

33 学習活動を調節する／096

34 方法・方略を調節する／098

35 計画を基に時間配分を調節する／100

36 学習が進みやすい物的・人的環境に調節する／102

37 学習がうまく進まなかったり，
時間が足りなかったりした際に他者に相談する／104

38 困難な課題をやりがいのある挑戦で
あると考える／106

もくじ 011

39 得意なところや簡単なところ，
   興味深いところを見つけて取り組む／108

40 不快な感情のとき，その原因や理由，
   意味について考える／110

41 不快なことがあったとき，そのことを
   どのようにすれば解決できるかを考える／112

42 不快さを感じたら，休憩したり，
   別のことをしたりする／114

第4章
「振り返る」フェーズの
自己調整方略

43 取り組んだ学習の成果と課題を考え，
   自己評価する／122

44 評価結果の原因や理由を考える／124

45 自らの学習結果に納得したうえで，
   その後の学習に活かせることを考える／126

46 次の学習に活かすことを考える／128

第5章
自己調整方略と
レギュレイトフォーム

0　自己調整方略を組み込んだ
　　レギュレイトフォーム例／132

1　「見通す」フェーズ／134

2　「実行する」フェーズ／143

3　「振り返る」フェーズ／149

4　レギュレイトフォームを活用した
　　小学校の授業実践／151

5　レギュレイトフォームを活用した
　　中学校の授業実践／159

参考文献，参考実践・資料／166
おわりに／168

第1章
自己調整方略とは

1　自己調整学習の概観

　本書は，前著『自己調整学習　主体的な学習者を育む方法と実践』に引き続き，日本の学校教育の中で，自己調整学習を実現することを目的として執筆しました。

　図1は，本書における自己調整学習の概念図です。Zimmermanは，自己調整学習を「学習者が，メタ認知，動機づけ，行動において，自分自身の学習過程に能動的に

図1　自己調整学習の概念図

関与していること」(1998) と定義しています。この言葉から，自己調整学習とは，学習者である子どもたちが，「自らの行動に関与（調整）する」「自らの動機づけに関与（調整）する」「自らメタ認知に関与（調整）する」ことであることがわかります。

　では，「行動を調整する」とは，どのような学習者の姿でしょうか。それは，学習者が自ら授業で活用する道具（ICT やシンキングツールなど）を選んだり，学習する環境を構成したり，学習の段取りを組んだりするといった姿ではないかと考えます。同様に，「動機づけに関与する」とは，学習者が自ら学習に対する興味関心や意欲を高めたり，維持したりしようとする姿であると考えます。最後に，「メタ認知に関与する」とは，自らの行動や動機づけを確認（モニタリング）し，調節（コントロール）しようとする姿であると考えます。

　学習者がこのような姿で学ぶには，図1に示した自己調整方略を活用できるようになることが非常に重要です。本書では，自己調整学習を実現するうえで重要である自己調整方略に着目し，これらの方略を体系的に示します。そして，一つひと つの方略について具体的に解説します。本書で取り上げた方略が日常の授業の中で活用されることにより，児童生徒が主体的に学習を調整して学ぶ際の一助になると考えます。

第1章　自己調整方略とは　017

2 自己調整方略

　自己調整方略とは，学習者が学習を調整するために身につけるべき，具体的な学習のやり方であると捉えています。学習方略といえば，様々な方略が先行研究等で示されていますが，その中でも学校教育の中で，学習者が学びを調整していくための方略となると，図1に示した動機づけ調整方略，リソース管理方略，認知的方略，情動調整方略，メタ認知的方略がそれに該当すると考えています。

　このように学習者が主体的に学習を進めていくためには，図1に示した学習を調整するための方略（自己調整方略）を身につける必要があります。

　動機づけ調整方略は，学習者自身が自らの動機づけを高め・持続させたり，低下した動機づけを再度高めたりする方略です。従来の授業では，教師が子どもたちの興味関心を引く導入を行い，学習に対する意欲を高めていました。子どもたちは教師の巧みな手法により，学習に対する内発的な動機づけを高め，意欲的に学習に取り組んでいたのではないかと思います。もちろん，このような教師による導入を否定するものではありません。しかし，主体的に学習を進めるためには，学習者が自ら外発的・内発的な動機づけを高め，高まった動機づけを維持していくことが大切であると考えます。

　リソース管理方略は，学習を実行する際のリソース（タ

ブレット PC，教科書，教具などの道具や，インターネットや書籍に掲載されている情報など）を管理し，効果的に活用したり，時間配分を決めたり，学習しやすい環境を構成したりする方略です。この方略を身につけることにより，主に学習行動を調整することができるようになります。

　認知的方略は，学習に対する理解や記憶を促進する際に用いられる方略です。例えば，理解すべきことを何度も書いたり，言ったりして覚えるといった方略（リハーサル）があります。また，シンキングツールなどを活用し，情報と情報，情報と知識を結びつけて理解したり（精緻化），情報を分類しカテゴリーをつくったり（体制化）する方略もあります。学習者は，このような認知的方略を活用することで，自らの学習行動を主体的に調整していくことができます。

　情動調整方略は，学習中に生じる気持ちを調整する方略です。例えば，学習中に眠くなってきたら伸びをしたり，歩いたり，体操したりすることで学習を持続できることがあります。学習を進めるうえでまわりの環境が気になりだしたら，人気の少ないところに移動したり，イヤーマフをつけたりして，外部からの刺激を軽減することで学習を継続できることもあります。このように，情動調整方略は，身体からの感覚を基に自らの感情を理解し，学習行動を無理なく持続していくための方略なのです。

　最後に，メタ認知的方略は，自らの学習行動，動機づけを確認し，それらを学習の実行にふさわしい状態に調節し

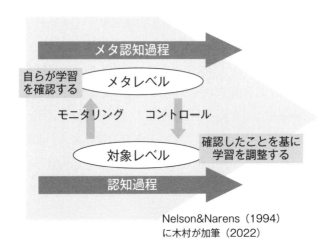

Nelson&Narens（1994）
に木村が加筆（2022）

図2　メタ認知過程と認知過程

ていくための方略です。三宮（2018）は，メタ認知的活動として，学習者が学習の事前・事中・事後のどの段階においても常に学習をメタ認知していくことの重要性を示しています。メタ認知的方略とは，図2のように，学習者が学習中常に自らの行動や動機づけをモニタリング（確認）し，コントロール（調節）するために活用する方略なのです。

　本書では，まず，学校教育の中で，児童生徒に育むことで主体的な学びにつながると考えられる方略を先行研究から洗い出し，表1に整理しました。
　そして，これらの方略を学習者が身につけ，主体的に学習を進めていくことができるように学校での授業の流れに沿って，学習者の姿を具体的にイメージすることができる

表1　学校教育における学習者の主体的な学びの実現を
ねらい先行研究から抽出した自己調整学習方略

				説明
自己調整学習方略	動機づけ	内発的	整理	ノートやPC内の情報のまとめ方，部屋や机などの環境を整えることで動機づけを調整する。
			想像	目標を達成したり，達成するにはどのようなことをするのかを考えたりすることを通して動機づけを調整する。
			めりはり	学習時間の区切りをつけて動機づけを調整する。
			内容	学習内容を身近なこと，よく知っていることと，興味のあることと関係づけて動機づけを調整する。
			社会的	他者と学習したり相談したりして動機づけを調整する。
		外発的	負担軽減	得意なところや簡単なところに取り組んだり，別の学習をしたり，休憩したりするなど，負担の軽減を図り動機づけを調整する。
			報酬	外的な報酬を設定し動機づけを調整する。
	行動	情動	反すう	不快な気分のときにその原因や結果，意味について繰り返し考え情動を調整する。
			問題解決	不快なことがあったときに，そのことをどのように解決するかを考え情動を調整する。
			気晴らし	不快なことがあったとき，別のことをして情動を調整する。
			認知的再評価	不快なことがあったとき，考え方を変えることで情動を調整する。
			アクセプタンス	不快であったとしても，そのことを受け入れて情動を調整する。
		リソース管理	時間管理	学習計画をもとに時間を管理・調整する。
			物的構成	学習に取り組みやすいように物的環境を調整する。
			人的構成	学習に取り組みやすいように人的環境を調整する。
			援助要請	学習に躓いた際，うまく実行できていないと感じた際に援助を要請して調整する。
			道具選択	学習に適切な道具を使用して調整する。
			情報活用	情報活用の方法を選択して調整する。
		認知	リハーサル	学習内容を何度も繰り返して覚えることを通して認知する。
			精緻化	学習内容を言い換えたり，すでに知っていることと関係づけたりして認知する。
			体制化	学習内容をカテゴリー化したり，構造化したりして認知する。
			批判的思考	本当に正しいのか，そのように言えるのか，根拠や別の考えはないかを考え認知する。
	メタ認知		プランニング	目標を設定し，課題の分析を行うことを通してメタ認知する。
			モニタリング	実行中の学習を観察したり，振り返ったりすることを通してメタ認知する。
			コントロール	学習が効果的・効率的に進むよう過去の学習経験をメタ認知し，調整する。

　文言にしたり，複数の姿が含まれるものを分解したり，学習者の姿として示す際に同じ姿になるものを総合したりして「自己調整方略リスト」（p.23，表2）として整理しました。本リストに示した自己調整方略を児童生徒が習得することにより，自らの学習を主体的に調整することができるようになると考えます。

3　自己調整方略リスト

　表2は，先行研究を基に，日本の学校教育において，児童生徒が身につけ，発揮していくことが重要であると考えられる自己調整方略を整理した「自己調整方略リスト」です。本リストは，前著で示した自己調整学習のフェーズ，プロセスをさらに細分化し，サブプロセスとして示しました。そして，それぞれのサブプロセスで学習を調整するための方略として自己調整方略を「課題を分解する」「分解した課題の関係を考える」「解決策を考える」…のように示しました。また，それらの方略が図1において，どのような方略カテゴリーに属するのかについても明記しました。

　リストに示したこれらの自己調整方略は，1時間の授業の中ですべてを活用しなければならないというものではなく，学習者が主体的に方略を選択し，学習を調整することができるようになることが大切であると考えています。ただ，児童生徒にこのような表を配付すれば方略が使えるようになるわけではありません。教師が児童生徒の実態に合わせ，適切な場面でこれらの方略を指導したり，支援したりすることにより，学習者は自ら方略を用いて学ぶことができるようになるのです。

　本書では，第2章から第4章において，これらの方略をフェーズごとに一つひとつ解説していきます。

表2　自己調整方略リスト

フェーズ	プロセス	サブプロセス	自己調整方略カテゴリー	自己調整方略	
見通す	課題	課題理解	認知的	1	課題を分解する
				2	課題の関係を考える
				3	解決策を考える
		課題興味	メタ認知的	4	課題を身近なこと，知っていることと結びつける
			動機づけ調整	5	課題を解決するとどのようなことがわかるのか，できるようになるのかを考える
				6	課題を解決したときの自分への褒美を考える
	目標	目標設定	認知的	7	問いを広げる
				8	問いを順序立てる
				9	問いを絞る
		目標志向	動機づけ調整	10	目標を達成するとどのような能力が高まるのかを考える
				11	目標を達成するために，どのようなことをすればよいかを考える
		結果予期	動機づけ調整	12	学習の最後につくり出せるもの，理解できること，身につけることができることを予想する
	計画	計画立案	動機づけ調整	13	長期課題・目標を基に短期課題・目標と学習の活動を決める
			リソース管理	14	方法・方略を決める
				15	時間配分を決める
		自己効力	メタ認知的	16	学習計画を基に，学習をうまく実行することができるかを考える
実行する	推進	環境設定	リソース管理	17	学習に適切な道具を選択する
				18	学習に適切な人数や役割を考える
		情報活用	認知的	19	情報を収集する
				20	情報を関連づける
				21	情報を多面的に見て，吟味する
				22	情報を構造化し，考えをつくる
				23	新たな価値を創造する
				24	創造した価値を発信する
				25	大切な情報を繰り返し言ったり，書いたりして理解を深める
	確認	実行確認	メタ認知的	26	学習が課題・目標からずれていないかを確認する
				27	実行している方法・方略が適切かを確認する
				28	計画を基に時間配分を確認する
		環境確認		29	学習に取り組みやすい物的・人的環境になっているかを確認する
		自己指導		30	自分に質問するようにして，学習の進捗を確認したり，内容の理解を深めたりする
		情動観察		31	学習に向かう自らの気持ちを確認する
		自己記録		32	学習の進捗について確認したことや，学習中に大切だと思ったことを記録する
	調節	実行調節	リソース管理	33	学習活動を調節する
				34	方法・方略を調節する
				35	計画を基に時間配分を調節する
		環境調節		36	学習が進みやすい物的・人的環境に調節する
		援助要請		37	学習がうまく進まなかったり，時間が足りなかったりした際に他者に相談する
		興味促進	動機づけ調整	38	困難な課題をやりがいのある挑戦であると考える
				39	得意なところや簡単なところ，興味深いところを見つけて取り組む
		情動調節	情動調整	40	不快な感情のとき，その原因や理由，意味について考える
				41	不快なことがあったとき，そのことをどのようにすれば解決できるのかを考える
				42	不快さを感じたら，休憩したり，別のことをしたりする
振り返る	評価帰属	自己評価	メタ認知的	43	取り組んだ学習の成果と課題を考え，自己評価する
		原因帰属		44	評価結果の原因や理由を考える
	適用	自己満足	動機づけ調整	45	自らの学習結果に納得したうえで，その後の学習に活かせることを考える
		適用		46	次の学習に活かすことを考える

第1章　自己調整方略とは　023

4　第2章から第4章の構成

　第2章から第4章では，学習者が自らの学習を調整するための方略である自己調整方略（表2）を章ごとに一つひとつ解説していきます。これらの章で扱う自己調整方略は，先行研究から抽出した方略を学校教育において理解されやすく，日常の実践で用いることができると考えられる言葉に置き換えた後に，自己調整学習のプロセスである「見通す」「実行する」「振り返る」（木村，2023）の流れに沿って，整理したものです。

　第2章から第4章では，これらの方略を教師が児童生徒に指導しやすいよう2ページずつで解説します。単元や授業を設計する際，学習目標や授業の流れと本書を照応させ，どの場面でどのような自己調整方略を育成することができそうか，学習者が自己調整方略を活用して学ぶ活動をどのように挿入すればよいかを考えていただけたらと思います。

　また，第5章では，自己調整学習のサブプロセスを基に，自己調整方略を理解し，それらの方略を用いて学びを進めていくことができるようになることを目的として開発した新しいレギュレイトフォームを提案します。そして，開発したレギュレイトフォームを先行導入いただいた先生方のインタビューを基に，フォームを活用しての成果と課題をまとめています。先行実践で明らかになった知見が，日常の教育活動に役立つものと期待しています。

第2章
「見通す」フェーズの
自己調整方略

表1 「見通す」フェーズの自己調整方略

フェーズ	プロセス	サブプロセス	自己調整方略カテゴリー		自己調整方略
見通す	課題	課題理解	認知的	1	課題を分解する
				2	課題の関係を考える
				3	解決策を考える
		課題興味	メタ認知的	4	課題を身近なこと，知っていることと結びつける
			動機づけ調整	5	課題を解決するとどのようなことがわかるのか，できるようになるのかを考える
				6	課題を解決したときの自分への褒美を考える
	目標	目標設定	認知的	7	問いを広げる
				8	問いを順序立てる
				9	問いを絞る
		目標志向	動機づけ調整	10	目標を達成するとどのような能力が高まるのかを考える
				11	目標を達成するために，どのようなことをすればよいかを考える
		結果予期	動機づけ調整	12	学習の最後につくり出せるもの，理解できること，身につけることができることを予想する
	計画	計画立案	動機づけ調整	13	長期課題・目標を基に短期課題・目標と学習の活動を決める
			リソース管理	14	方法・方略を決める
				15	時間配分を決める
		自己効力	メタ認知的	16	学習計画を基に，学習をうまく実行することができるかを考える

　表1が「見通す」フェーズのプロセス・サブプロセス，自己調整方略カテゴリーとその詳細です。

　「課題」プロセスでは，学習課題に対する理解を深め，これから取り組む課題に対する興味を高めます。サブプロセスの「課題理解」では，学習課題を理解するために，課題を分解したり，分解した課題の関係を考えたりします。そして，それらの課題を解決するには，どのような解決方法があるのかについて考え，学習の見通しを明らかにするのです。

　また，主体的に学習を進めていくためには，課題への動機づけを高める必要があります。「課題興味」では，課題を日常の身近なことや，知っていることに結びつけたり，その課題が解決したら何がわかるのか，また，何ができるようになるかを考えたりします。このように考えることが

できれば，課題を解決する学習そのものが楽しくなり，内発的な動機づけを高めることにもつながると考えます。また，課題が解決した後に，自分に対する褒美を考えることも効果的です。学習が終わったら「自分が好きなお菓子を食べよう」「楽しい動画を見よう」などの褒美を決めることで学習に対する動機づけを高めることにつながります。

「目標」プロセスには，「目標設定」「目標志向」「結果予期」のサブプロセスがあります。このプロセスでは，目標を設定するために問いを広げ，広げた問いの優先順位をつけます。そして，それらの問いを比較しながら絞っていき，学習の目標を明らかにしたうえで，この目標をうまく達成することができるのかを考え，学習結果を予想します。

「計画」プロセスでは，学習計画を立案していきます。まず，「計画立案」において，長期課題・目標から，短期課題・目標を考えていきます。短期課題・目標が決まれば，次にそれらの課題・目標を解決・達成するための学習方法や方略を決めていきます。課題・目標を基に学習活動や方法・方略が決まれば，決まった学習活動をどの程度の時間取り組むのかという時間配分を考えていきます。このように，計画を立案した後に，その計画でうまく学習を進めることができるのかについて考えます。これが「自己効力」のサブプロセスです。うまく学習を進めることができるのかを，課題・目標，方法・方略，時間配分といった視点で検討することにより，その後の学習の見通しをさらに明確にすることができるのです。

第2章 「見通す」フェーズの自己調整方略 027

見通す―課題―課題理解【認知的方略】

1 課題を分解する

「課題を分解する」方略は，**授業で先生から示された課題や，教科書に示されている課題を要素ごとに分解し，その単元・授業でどのようなことを学べばよいのかを明らかにする際に活用する方略**です。

教科学習においては，学年が上がるにつれ，課題が長文で示されることが多くなります。例えば，6年生の理科では，「窒素，酸素，二酸化炭素には，ものを燃やすはたらきがあるだろうか」といった課題があります。この課題は「窒素にものを燃やすはたらきがあるのか」「酸素にものを燃やすはたらきがあるのか」「二酸化炭素にものを燃やすはたらきがあるのか」の3つに分けられます。このように，課題を分解することによって，この単元では，これらの3つについて理解する必要があるということがわかります。また，6年生の社会科では，「武士の登場によって，世の中はどのように変わり，武士は，どのような政治を行っていったのだろうか」といった課題があります。この課題も，分解することにより「武士とは」「武士がなぜ登場したのか」「武士が登場したことによって世の中がどのように変わったのか」「武士はどのような政治を行ったのか」といったように，今後の学習でどのようなことを調べ，理解していけばよいのかということがわかりやすくなります。

このように，課題を分割することにより，文章を構成す

る要素に意識が向き，その単元で解決すべきことが明らかになるのです。また，課題を分解する際には，単に文章を分解するだけでなく，課題の文章に含まれる言葉の意味や，文章を読んで疑問に思ったことを一緒に書き込んでおくことで，課題に対する理解が深まり，その学習で解決すべきことが何なのかを明らかにすることにつながります。

「課題を分解する」方略を活用する際は，シンキングツールの**くま手チャート**が効果的です。くま手チャートは，物事を多面的に見る際に活用するシンキングツールです。図1は，実際に教科書の課題を，くま手チャートを使って分解した図です。この図を使うことで，課題の文章を要素ごとに分解しやすくなったり，これまでに学習していない事柄を見つけ出したりすることができ，課題に対する理解を深めることにつながります。

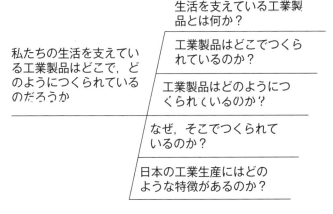

図1　くま手チャートで課題を分解した際の例

見通す—課題—課題理解【認知的方略】

2 課題の関係を考える

「課題の関係を考える」方略は，**分解した課題と課題の関係を考える際に活用する方略**です。例えば，前項で分解した「窒素にものを燃やすはたらきがあるのか」「酸素にものを燃やすはたらきがあるのか」「二酸化炭素にものを燃やすはたらきがあるのか」の3つの課題であれば，「ものを燃やすはたらきがあるのか」を明らかにすることは共通しています。そして，明らかにする気体は「窒素」「酸素」「二酸化炭素」であるということがわかります。これらの課題の関係を考える際に，関係を図示すると，その後の学習において，実行している学習が課題からズレていないかを確認する際に効果的です。図2は，**コンセプトマップ**を用い，理科の課題の関係を考えた際の例です。このよ

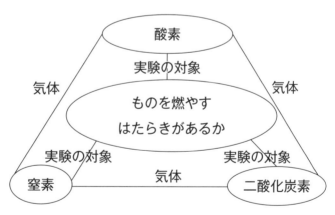

図2　理科の課題の関係を考えた際の例

うに整理することで、その後の学習において3つの気体が「ものを燃やすはたらきがあるのかを調べる」ということがわかりやすくなります。

また、図3は図1を基に、コンセプトマップで社会科の課題の関係を考えた際の例です。図3のように図示することで、分解した課題の中から「工業製品」という言葉がキーワードになっていることに気づくことができます。そして、「工業製品」についてどのようなことを調べ、考えていけばよいのかについて把握しやすくなります。

このように分解した課題と課題の関係を図で表現することで、課題に対する理解が深まります。ここでは、課題の関係を考える際に、コンセプトマップで例示をしました。コンセプトマップは物事の関係を考える際に活用するシンキングツールです。ただ、課題と課題の関係を結ぶ線上にそれらの関係性を記述することに難しさを感じる児童生徒もいます。その際は、つないだ言葉と言葉を要約して記述するよう指導・支援すると記述しやすくなります。

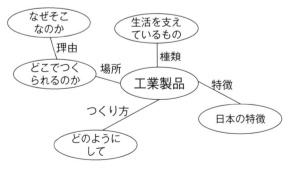

図3　社会科の課題の関係を考えた際の例

見通す—課題—課題理解【認知的方略】

3 解決策を考える

「解決策を考える」方略は，**分解した一つひとつの課題に対する解決策を考える方略**です。解決策とは，「関連する書籍を読む」「インターネットで情報を探す」「実験する」といった学習方法や，「自由記述のアンケートをして意識を調査する」「課題に関連するキーワードをいくつかあげた後に，インターネットで資料を検索する」といった学習方略を指します。解決策を考える際は「課題の関係を考える」際に整理した**コンセプトマップ**を活用すると考えやすくなります。

図4は，「課題の関係を考えた」際の図（図3）に，解

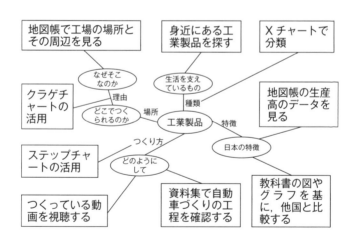

図4　課題の関係を考えた図から解決策を考えた際の例

032

決策を追記した例です。このように分解した課題から，それぞれの課題をどのような方法・方略で解決することができるのかを，図に追記しながら考えていくことで，様々な方法・方略が思いつきやすくなります。また，解決策は，分解した課題に対してだけでなく，課題と課題の関係からも考えていくことができます。図4を基に解説すると，「（工業生産の）日本の特徴」について調べるという課題であれば，教科書の図やグラフを参考にする，地図帳の巻末にある生産高の資料を見るといった方法・方略で課題を解決することができるのではないかと予想できます。また，課題と課題の関係である「理由」からは，工業製品がなぜその場所でつくられているのかを明らかにすることから，その場所でつくられている理由をクラゲチャートで理由づけするという方略が活用できることに気づくことができます。他にも工業製品にどのような種類があるのかを明らかにするうえで，予め工業製品の分類を考え，**Y，X，Wチャート**で分類するという方略が活用できるのではないかといった考えに至ることもできます。

　このように「解決策を考える」方略を活用し，課題を解決するための方法・方略を考え，明らかにしていくことにより，課題に対する理解をさらに深めることにつながります。そして，ここで明らかにした解決策が，その後の「計画」プロセスの「計画立案」の場面で学習の方法・方略を決めていく際に活かされているのです。

第2章　「見通す」フェーズの自己調整方略　033

見通す―課題―課題興味【メタ認知的方略】

4 課題を身近なこと，知っていることと結びつける

「課題を身近なこと，知っていることと結びつける」方略は，**課題に対する興味を高め，学習内容そのものに対する動機づけを高めるために活用する方略**です。例えば，6年生の算数科「立体の体積」について学ぶ単元において，「角柱や円柱の特徴から，それらの体積の求め方を考え，理解する」という課題があるとします。この単元では，身近にある角柱や円柱を観察することを通してそれらの立体にどんな特徴があるのかを考えます。その際，これまでに学習した，正方形や円の面積の求め方を思い出したり，直方体や立方体を作成し，体積を求めたりしたことを思い出し，身近なことや知っていることと結びつけるのです。

また，高学年の国語科では「筆者の考えを捉えて，自分の考えを発表する」という単元の課題があります。この課題と，学習者がすでに知っていることとを結びつけると，以前の授業で筆者の考えを捉える際に経験した「段落ごとに要旨をまとめる」方略や，「段落と段落の関係を考える」といった方略に結びつけることができます。「資料を用いた文章の効果を考え，それを活かして書く」という単元の課題では，これまでに学習したグラフや図を挿入して文章を書いた経験と結びつけることができます。また，教科書をはじめ，様々な書籍の中で図や表がどのように用いられていたのかを思い出すことで，課題と身近な学習・生活経

験を結びつけることができます。

　さらに，5年生の社会科「食料生産」について学ぶ単元では，「くらしを支えている食料は，どこで，どのようにつくられているのか」という課題があります。この課題では，日頃の食べ物を思い出したり，テレビ等の報道で豊作や台風による被害などのニュースを見聞きしたことを思い出したりすることで，課題と日常の身近なことや知っていることが結びつきます。

　このように，「課題を身近なこと，知っていることと結びつける」方略とは，自らの日常生活の経験や，過去の学習経験を想起（メタ認知）し，課題との関連を考えることを通して学習に対する動機づけを高める方略なのです。

　図5は，**イメージマップ**を使って，課題を身近なこと，知っていることと結びつける際の例です。このように，課題に含まれている言葉から，身近にあるものやこれまでの学習で知っていることを書き出し，結びつけていくことが，課題に対する動機づけを高めることにつながるのです。

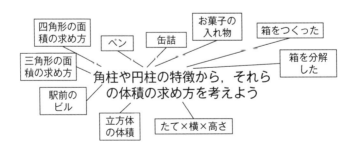

図5　課題を身近なこと，知っていることと結びつける際の例

見通す―課題―課題興味【動機づけ調整方略】

5 課題を解決するとどのようなことがわかるのか，できるようになるのかを考える

「課題を解決するとどのようなことがわかるのか，できるようになるのかを考える」方略は，**課題を解決した後に，自分自身がどのように成長するのかを考えることを通して，課題に対する動機づけを高める方略**です。「どのようなことがわかるのか」は課題に取り組むことによって得ることができると考えられる知識です。「どのようなことができるようになるのか」は，課題解決に向けて実行した学習活動によって習得できると考えられる技能です。これらは，課題に示されている文言から予想することができます。

例えば，5年生の理科で「流れる水のはたらきと土地の変化」について学ぶ単元があります。この単元では，「流れる水にどのようなはたらきがあり，そのはたらきによって土地の様子はどのように変化するのか」といった課題に取り組みます。この場合，課題を解決すると，「流れる水のはたらき」と「流れる水のはたらきによって土地がどのように変化するのか」を理解することができると予想できます。また，家庭科の「裁縫」の単元で「日常で活用することができるエプロンを作成する」という課題の場合，エプロンをつくる際の手順や道具の使い方といった知識を獲得し，針や糸など様々な道具を活用して裁縫するという技能を身につけることができると予想することができます。

このように，課題を基に「この課題を解決するとどのようなことがわかるのか。また，どのようなことができるようになるのか」を考えることにより，単元終了後の自らの成長を予想することができるため，課題に対する興味を高め，その後の学習に対する動機づけを高めることにつながるのです。

　図6は，図を用いて課題を解決するとどのようなことがわかり，できるようになるかを考える際の例です。図5に課題を解決した後にわかること，できるようになること（図6○で囲まれた記述）を追記していくことで，課題に取り組むことによって学習後の自分がどのように成長するのかを考えることができ，課題に対する動機づけを高めることにつながります。

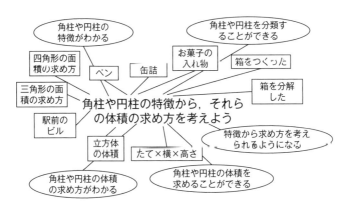

図6　課題を解決するとどのようなことがわかるのか，できるようになるかを考える際の例

見通す―課題―課題興味【動機づけ調整方略】

6 課題を解決したときの自分への褒美を考える

　「課題を解決したときの自分への褒美を考える」方略は，**褒美を考えることにより，学習に対する動機づけを外部の環境や刺激から（外発的に）高める方略**です。外発的動機づけは，自己決定理論（Ryan&Deci，2000）によって「外的調整」「取り入れ的調整」「同一化的調整」「統合的調整」と区別されています。「外的調整」は，何らかの報酬や，罰を避けることを目的とし，他者からの働きかけによって行動が開始される，いわゆる外的な要因によって学習が調整されている状態です。「取り入れ的調整」は，だれかに言われずとも行動は開始されますが，行動しないことに対して不安や恥を感じることから学習が実行されている状態です。「同一化的調整」は，楽しいわけではないが，

表2　自己決定理論で示されている外発的動機づけの区別

外発的動機づけ			
外的調整	取り入れ的調整	同一化的調整	統合的調整
何らかの外的報酬を得ることや，外的罰を避けることが目的となっておこり，外的な要因や他者からの働きかけによって行動が開始される	外的統制がなくても行動が開始されるが，行動の目的は不安や恥などの感情を低減し，自己の価値を守ることであり，内面で統制されている感覚をもつ	行動の価値を自己と同一化し，個人的な重要性を感じて肯定的な態度で自発的に従事する	ある活動に対する同一化的調整が，個人が関わる他の活動に対する価値や欲求との間で矛盾なく統合させられる

（Ryan & Deci 2009：自己調整学習研究会2012から抜粋）

038

外的な要因に対して，目標を達成するために必要であると共感し，学習することに対する価値を見いだして行動している状態です。「統合的調整」は自分自身の価値観や目標，欲求と行動の価値が一致しており，無理なく行動している状態です。例えば，将来の夢を叶えるために学習をすることは，「統合的調整」にあたります。

　このように，外発的な動機づけにも段階があります。「外的調整」が最も学習に対する動機づけが高まっていない状態であると考えられますが，学習に取り組むうえでこのような状態があってはいけないということではありません。人間は人それぞれ興味を抱く事柄が違います。したがって，どうしても意欲的に取り組むことができない学習内容が存在するものです。自らの学習に対する感情をメタ認知したうえで，意欲的に取り組むことが難しい学習に取り組む際に，「課題を解決したときの自分への褒美を考える」方略を活用することが学習に対する動機づけを高めることにつながります。

　この方略は，自分への褒美を考えることから「外的調整」に近い方略であると言えます。学校教育の中で学習後の褒美を考えることは難しいことかもしれませんが，「最後までがんばれたら何分間休憩しよう」「達成できたら家に帰ってから好きなゲームをしよう」「解決できたらこの前買ったシールをノートに貼ろう」などといった褒美を自分なりに考えることが，学習に対する動機づけを高める1つのきっかけになるのではないかと考えます。

第2章　「見通す」フェーズの自己調整方略　039

見通す—目標—目標設定【認知的方略】

7　問いを広げる

　「問いを広げる」方略は，**課題を基に，疑問に思ったこと・追究したいことを広げ，目標を設定する方略**です。問いを広げる際は，思考ルーチン（黒上，2016）の **See-Think-Wonder（見える—思う—ひっかかる）** を活用すると問いを広げやすくなります。

　図7は，問いを広げる際に効果的であると考えられるThink Training教材です。この教材は，シンキングツールのイメージマップと思考ルーチンのSee-Think-Wonderを組み合わせた教材です。本教材の中心に写真や文章，動画などを置き「見えること（知っていること）」「思うこと」「ひっかかること」の順に記述していきます。「見えること（知っていること）」は課題に対する事実，「思うこ

図7　See-Think-Wonderとイメージマップを組み合わせたThink Training教材

と」「ひっかかること」は課題に対する考察です。このような手順を踏むことにより「問い」につながる「ひっかかること」が思いつきやすくなります。

　この Think Training を活用して問いを広げる際は，中心に課題となる文章を置いて「知っていること」「思うこと」「ひっかかること」として問いを広げていくか，課題につながる静止画や動画を中心に置き，「見えること」「思うこと」「ひっかかること」を記述していきます。この教材を活用すると，子どもたちから「『見える』を思いつく限り書いてから『思う』『ひっかかる』を書いてもいいか」という質問を受けることがありますが，そのような手順で行っても，問いを広げるうえで差し支えはありません。ただ，そのように取り組むと，子どもたちはどうしても「見えること」をたくさん出すことに意識が向く傾向があります。よって，この活動が「ひっかかること」をたくさん出すために行う活動であることを事前に伝えることが大切です。また，この教材を何度か活用することで，子どもたちは短時間で多くの問いにつながる「ひっかかり」を生成することができるようになります。「ひっかかり」をたくさん生成することができるようになれば，その中から「目標にすべき問いは何か？」「追究するとおもしろい学習になる問いは何か？」「学んでいる教科において，意味のある問いは何か？」といった視点で「ひっかかり」を吟味します。そして，その後の学習で追究すべき価値のある「ひっかかり」を「問い」として選択するのです。

第2章　「見通す」フェーズの自己調整方略　041

見通す—目標—目標設定【認知的方略】

8 問いを順序立てる

　「問いを順序立てる」方略は，**「問いを広げる」方略で広げた「問い」の優先順位を明らかにする方略**です。子どもたちが追究したい問いをたくさん生成できるのはとてもすばらしいことです。しかし，その問いをすべて追究することは，時間的な制約から難しいことが多いものです。また，教科の目標との関係から，追究するに値する問いであるかも吟味が必要です。

　そこで，その後の学習を充実させるためにも，生成した問いを検討し「順序立てる」ことが重要です。「問いを広げる」方略で紹介した See-Think-Wonder の Think Training で問いを広げた場合は，「ひっかかる」に記述された問いを振り返り，「目標にすべき問いは何か？」「追究

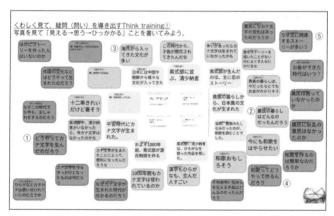

図8　社会科歴史学習で児童が広げた問い

042

するとおもしろい学習になると思う問いは何か？」「学んでいる教科において，意味のある問いは何か？」という視点で吟味し，追究していきたい順に問いを順序立てていくことが効果的です。

　図8は，6年生社会科の歴史学習の授業で，児童がこれから学ぶ時代についての解説動画を見て，問いを広げたThink Trainingの記述です。児童は，広げた「ひっかかり」から追究していきたい問いを選択し，番号を振って順序立てています。番号を振ることにより，広げた問いの全体を見渡し，それらを比較して，問いの優先順位を決めることができます。このように広げた問いを吟味すると，「ひっかかる」だけでなく「思う」に書いたものを「問い」として追究していきたくなることも出てきます。気持ちが変化するということは，何を追究していきたいのかということを深く考え，目標達成に向けた見通しが明確になっているということです。このような活動を行う際に，図9のように問いを整理すると，これらの問いをその後の学習の短期目標にすることができます。

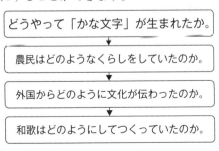

図9　ステップチャートで問いを順序立てる例

見通す―目標―目標設定【認知的方略】

9 問いを絞る

　「問いを絞る」方略は，**順序立てた問いを比較・総合し長期目標の候補を考える方略**です。ここで，「候補」としたのは，「問いを広げる」「問いを順序立てる」「問いを絞る」の流れで生成される長期目標は，課題を基に生成される目標であるため，これまでの学習経験や，学習を実行するうえでの自分自身の特性に関する認知課題が含まれにくくなるからです。また，本書で提案する自己調整方略リストでは，「目標設定」の後に，「目標志向」「結果予期」といったサブプロセスが設定されています。それらのサブプロセスでは方法・方略，学習の調整，学習に向かう感情についての目標を考えます。したがって，目標設定で考えた，課題（学習内容）を基にした目標と，これまでの学習経験（学習方法・方略，調整，感情など）を基にした目標を比較・総合したものが，長期目標になるのです。

　学習課題から導き出した問いを基に長期目標の候補をつくるには，順序立てた問いの上位に位置づくもの（図9）を，比較・総合します。図10は**同心円チャート**，図11は**ピラミッドチャート**を使って長期目標の候補を生成する際の例です。同心円チャートは問いと問いを丁寧に比較して生成するのに対し，ピラミッドチャートは，問いの言葉の中から追究していきたい言葉に着目して長期目標の候補を生成することがそれぞれの特徴です。

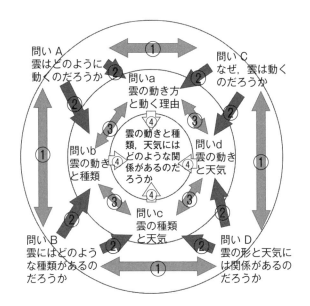

図10 同心円チャートで長期目標を生成する例

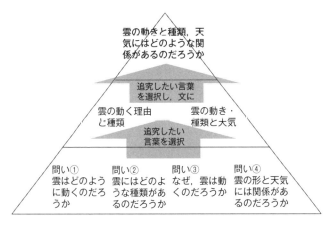

図11 ピラミッドチャートで長期目標を生成する例

見通す―目標―目標志向【動機づけ調整方略】

10 目標を達成するとどのような能力が高まるのかを考える

　「目標を達成するとどのような能力が高まるのかを考える」方略は，**「目標設定」のサブプロセスで，課題を基に生成した短期目標や長期目標の候補と，前時の学習やこれまでの自分自身の課題を総合し，それらが達成・解決されたときに，どのような能力が高まるのかを考える**方略です。

　前サブプロセスで，課題を基に目標を生成していることから，ここでは，その後の学習にどのような学習方法・方略で取り組むのか，他者とどのように関わるのか，どの程度の時間で目標を達成するのかを中心に考えます。目標を達成するための方法・方略を考えることにより，それらの方法・方略を実行することに対する目標が生まれます。また，他者との関わりや目標達成までの時間配分を考えることで，効率よく学ぶ，協働して学ぶことについての目標も生まれてきます。

　このように，目標を達成するとどのような能力が高まるのかを考えるには，これまでの学習を想起し，自らの能力をメタ認知する必要があります。その際に，これまでの学習を想起し，学習内容（○○がわかっていない），学習方法・方略（○○の方法・方略がうまくできなかった），学習の調整（○○のときは，見通しをもって確認・調節しながら進められなかった）の視点で自らをメタ認知し，今の

046

自分にどのような能力が必要かを考え、目標を達成した際に高まる能力を明らかにするのです。

図12は、**ベン図**を使って、目標を達成するとどのような能力が高まるのかを考える際の例です。ベン図は、物事を比較する際に活用するシンキングツールです。このツールを使い、「今の自分の課題」と「これから学ぶこと」を比較します。まず、左側の円に今の自分の課題を書き出します。そして、右側の円に、この学習で何を学びたいのか（長期目標の候補）、どのように学びたいのか（方法・方略）、どのくらいの時間でどの程度のことをしていきたいのか（調整）を記入します。最後に、これらを比較し、円と円が重なる部分に、目標を達成するとどのような力がつくのかを記入します。このようにして明らかにした「未来の自分の姿」を、長期目標として設定するのです。

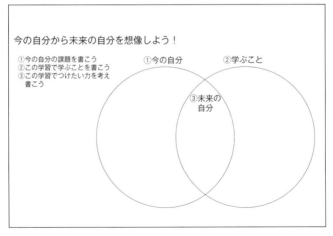

図12　目標を達成するとどのような力がつくのかを考える際の例

見通す―目標―目標志向【動機づけ調整方略】

11 目標を達成するために，どのようなことをすればよいかを考える

　「目標を達成するために，どのようなことすればよいかを考える」方略は，**これまでのサブプロセスで明らかになった目標を，どのように達成するのかについて考える方略**です。これまでのサブプロセスにおいて，学習内容についての短期目標や長期目標が明らかになっています。次に，これらの目標を達成するためにどのような方法・方略で，また，どのような環境で，どの程度の時間をかけて学べばよいのかを明らかにすれば，目標を達成するために何をすればよいかが明らかになります。目標の中には，学習の方法や方略，他者との協働，学習の調整が目標となる場合もあります。その場合は，これらの目標を達成するために，どのようなことをすればよいのかを考えていきます。

　表3は，表を用いて，目標を達成するためにどのようなことをすればよいのかを考える際の例です。まず，目標の種類として，学習内容，学習方法・方略，他者との協働，学習の調整という項目をあげています。次に，目標の例として，それぞれの目標の種類に応じて，どのような目標が設定できるのかを例示しています。ここには，これまでのサブプロセスで導き出した学習内容についての目標や，これまでの自らの学習をメタ認知し，より一層努力が必要であると考えられる事柄，その後の学習を円滑に進めるため

表3　目標を達成するために，どのようなことを
すればよいのかを考える際の例

目標の種類	目標の例	どのようなことを すればよいか
学習内容に ついての 目標	○○について詳しく調べたい。 ○○について理解したい。 ○○ができるようになりたい。 ○○について考えを深めたい。	関連する書籍を読む。 関連する動画を視聴し，わかったことを友だちと話をして確認する。 ○○を使って30分ほど練習する。 ○○と話すことで考えを深める。
学習方法・ 方略について の目標	○○を調べる際にインターネットを効果的に活用したい。 ○○について考えを深めるためにシンキングツールをうまく使って考えたい。	インターネットの効果的な検索方法について調べたり，聞いたりする。 シンキングツールの一覧表から，適切なシンキングツールを選択する。
他者との 協働について の目標	話し合いの際に，積極的に自分の考えを発言したい。 他者の意見を聞き入れ，活かしていきたい。	話し合いの前に，自分の意見を整理しておく。 他者が話しているときに，メモを取ったり，わからなかったら尋ねたりして理解しようとする。
学習の調整についての目標	時間内にプレゼンテーションの資料をつくり上げたい。 学習中に自分の学習を振り返り，無駄なく学習を進めていきたい。	何分後にどの程度まで作成できていればよいかを考えておき，活動の進捗を確認しながら学習を進める。 活動の途中に自分自身の学習を振り返る時間を取り，無駄があれば学習の進め方を改善する。

の事柄，学習を効率よく，決められた時間内に達成するための事柄などを考え，記述します。最後に，これらの目標を達成するためにどのようなことをすればよいのかについて思いつくことを記述します。このように，表を用いて考えることで，どのようにすれば目標が達成されるのかが明らかになり，学習に対する動機づけが高まります。

第2章　「見通す」フェーズの自己調整方略　049

見通す―目標―結果予期【動機づけ調整方略】

12 学習の最後につくり出せるもの，理解できること，身につけることができることを予想する

「学習の最後につくり出せるもの，理解できること，身につけることができることを予想する」方略は，**「目標設定」や「目標志向」のサブプロセスで考えた学習内容，学習方法・方略，他者との協働，学習の調整といった目標を達成することでつくり出せるもの，理解できること，身につけることができることが何かを予想する方略**です。この方略は，「課題興味」の「課題を解決するとどのようなことがわかるのか，できるようになるのか」の方略と学習後のことを考えるという点において類似していますが，自らが設定した目標を達成したときのことを予想し，学習に対する動機づけを高めるという点で異なります。

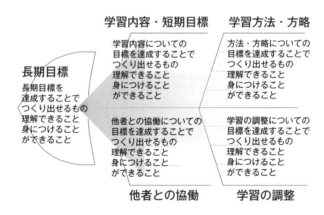

図13 フィッシュボーンチャートで目標の結果予期をする例

図13は，フィッシュボーンチャートを活用して，目標の結果予期をする際の例です。まず，フィッシュの外骨に，「目標を達成するために，どのようなことをすればよいかを考える」方略で考える視点とした項目（学習内容，学習方法・方略，他者との協働，学習の調整など）を記入します。そして，その内骨に，「目標を達成することでつくり出せること，理解できること，身につけることができること」を考え，記入していきます。最後に，内骨に記述した「つくり出せること」「理解できること」「身につけることができること」を総合し，フィッシュの頭の部分に，長期目標を達成することで，何がつくり出せるのか，何が理解できるのか，何を身につけることができるのかを記述し学習後の結果を予想するのです。

　フィッシュの頭に記入する長期目標についての結果予期は，内骨に書いた事柄を基に文章で記述することが効果的です。例えば，「この学習を行うことで，○○について理解することができ，○○ができるようになると考えられる。このようなことができるようになると○○をつくり出すことができる。また，○○のような方法・方略を身につけることで○○のようなことができるようになると考える。さらに，グループで協力する際は，○○を意識しながら取り組むことで○○ができると考えられる。そしてこれらの活動を○○程度の時間で，効率よく行っていきたい」といったように文章に表現しておくことにより，具体的に学習の結果を予期することができます。

見通す—計画—計画立案【動機づけ調整方略】

13 長期課題・目標を基に短期課題・目標と学習の活動を決める

　ここからは,「計画」プロセスに入ります。「計画」プロセスでは,「課題」「目標」のプロセスで考えた「長期課題・短期課題」「長期目標・短期目標」を基に,その後の学習計画をできるだけ具体的に立てていきます。「計画」のプロセスのはじめのサブプロセスは「計画立案」です。「計画立案」では,まず「長期課題・目標を基に短期課題・目標と学習の活動を決める」方略を活用し,**長期課題・目標を記述し,それらを基に,短期課題・目標を単元**

図14　レギュレイトフォーム（学習計画表）

の授業時間との関係を考えながら決めていきます。そして，それぞれの授業で取り組む学習活動を決め，計画を具体的な計画にしていきます。

　図14は，小・中学校で活用されている**レギュレイトフォーム（学習計画表）**の一例です（本フォームについての詳細は，木村（2023）『自己調整学習　主体的な学習者を育む方法と実践』を参照ください）。

　このフォームには，上段に「長期課題」「長期目標」を記述する枠が設けられています。この枠に，これまでの「課題」「目標」のプロセスで明らかにしてきた長期課題・目標を記述します。長期課題は，教科目標として示された事柄をそのまま記述することがほとんどですが，長期目標は，結果予期で記述した文章を基に，学習者がこの単元で取り組んでいきたいと思うことを書きます。そして，長期課題・目標を設定された時間数に分割し，短期課題・目標の枠に記入します。その際の手順としては，まず短期課題を記入し，その課題と関連する目標を短期目標として設定します。そのような手順を踏むのは，1時間の学習の中で課題と目標にズレが生じると，課題を効率よく解決することが難しくなるからです。

　最後に，短期課題・目標を解決・達成するための学習活動を「本時の計画」の枠に記述し，学習の見通しを明らかにします。

見通す―計画―計画立案【リソース管理方略】

14 方法・方略を決める

　長期課題・目標を基に，短期課題・目標とそれらを解決・達成するための学習活動を決めた後は，「方法・方略を決める」方略を活用し，**1時間の学習をさらに鮮明にしていきます。**

　図15はレギュレイトフォームの本時の計画の部分を拡大した図です。ここには，「戦後の日本から調べる」という学習活動が示され，その下に「教科書」「資料集」「動画」と示されています。これらが，課題である「戦争の後，日本ではどのような改革が行われたのだろうか」と，目標として設定した「日本が世界の仲間にもどるまでには，どの

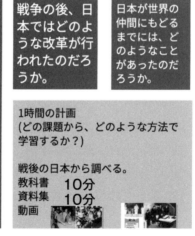

図15　「方法・方略を決める」の例

ようなことがあったのだろうか」を解決・達成するための学習方法です。例にあげた児童は、短期課題・目標を解決するために、「教科書の該当するページを読む」「資料集の資料を参照する」「動画を視聴する」という3つの学習方法を設定したことがわかります。単元のはじめにその後の学習の方法を明らかにしておくことにより、学習を迷いなくスタートさせ、進めていくことができます。

　ただ、この例には、学習方法は示されているものの、方略は示されていません。ここで記述すべき方略とは、「教科書から情報を集める際は、『改革』ということについて書かれている部分に着目しながら読む」「資料集を参考にする際は、教科書の記述をさらに詳しくしている資料を探し、教科書の情報と関連づけながら読む」「動画を見る際は、『改革』に関することや『日本が世界の仲間にもどるまでにどのようなことがあったのか』ということに着目しながら視聴し、必要な情報をメモしながら視聴する」などの記述が考えられます。小学校の段階では、このような方略を単元のはじめに明記することは、難しい場合も考えられます。ただ、方法とともに方略を考える活動を何度か経験すると、方法を決めた後に、方略を考え記述することができるようになります。**このように方法と方略を一緒に計画に記述しておくことにより、その後の学習に対する見通しがさらに鮮明になり、主体的に学習を進めていくことにつながる**のです。

第2章　「見通す」フェーズの自己調整方略　055

見通す―計画―計画立案【リソース管理方略】

15 時間配分を決める

　「時間配分を決める」方略は，**その前のプロセスで決めた学習活動の時間配分を決める方略**です。これまでの授業では，学習者が学習の時間配分を決めるということはあまり行われていませんでした。しかし，学習者が主体となって学びを進めていくうえで，時間配分を決めるというのはとても大切なことです。日本の学校教育では，それぞれの教科で授業時数が決まっています。教科として授業の時数が決まっているということは，１単元の授業時数も決まってくるということです。単元の時数が決まると，その時数で長期課題・目標を解決・達成するために，１時間の授業内に取り組む学習活動を，どの程度の時間配分で実行すればよいのかを考えることが重要になってきます。

　学習者が学習活動の時間配分を考えるには，自由進度で学習を進めることができる時間がどの程度あるのかを予め学習者に示しておく必要があります。学習者は，設定された時間内にどのような学習活動にどの程度の時間取り組むのかを考えるのです。その際に，学習者は，これまでの学習を想起することが大切で，「この方法で学習を進めた場合は，これくらいの時間がかかった」「この動画を視聴すると○分の時間が必要だった」といったように以前の学習を思い出し，経験を基に学習活動の時間配分を決めていくことになります。

図16は4年生の体育科，高跳びの授業で児童に配付されたレギュレイトフォームの一例です。図16の左側に，その時間の「見通す」「実行する」「記録挑戦」「振り返る」時間が10分間，25分間，5分間，5分間と示されています。この授業では，「実行する」フェーズの25分間の学習活動と時間配分を児童が考えていました。児童は，前時の学習活動やこれまでの学習経験を思い返し，それぞれの活動にどの程度の時間がかかるのかを予想し，時間配分を入力する姿が見られました。

図16　体育の授業でのレギュレイトフォームの一例

見通す―計画―自己効力【メタ認知的方略】

16 学習計画を基に，学習をうまく実行することができるかを考える

「学習計画を基に，学習をうまく実行することができるかを考える」方略は，**レギュレイトフォームを見直し，1時間1時間の計画が短期課題・目標を解決・達成し，ひいては長期課題・目標を解決・達成することにつながるのか，また，実行する際の学習方法・方略が適切か，設定した時間配分が長過ぎず，短過ぎない適当な時間になっているかを確認する方略**です。

□ 長期課題が解決される短期課題となっているか。

□ 長期目標が達成される短期目標となっているか。

□ 短期課題・目標の組み合わせはよいか。

□ 短期課題・目標の順序はよいか。

□ 短期課題・目標が解決・達成する学習活動になっているか。

□ 学習活動の順番はよいか。

□ 学習活動の方法・方略は適切か。

□ 時間配分の合計は，授業時間内に収まっているか。

□ 設定した時間配分で十分に学習を深めることができるか。

図17　学習計画をうまく実行することができるかのチェックリスト例

図17は，レギュレイトフォームを基に，立案した計画をうまく実行することができるかを確認するためのチェックリスト例です。

　そして図18が，リストを基にレギュレイトフォームを確認する際の手順です。このような順序で確認することにより，①長期課題と短期課題の関連，②長期目標と短期目標の関連，③短期課題と短期目標の関係，④短期課題・目標の順序，⑤短期課題・目標と学習活動との関係，⑥学習活動の順序，⑦学習活動，⑧学習の方法・方略，⑨時間配分

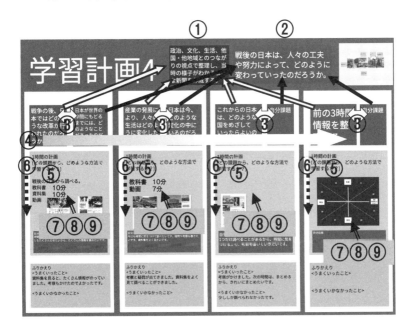

図18　チェックリストを基に，
　　　レギュレイトフォームを確認する手順

第2章　「見通す」フェーズの自己調整方略　059

を確認することができます。このように確認をすることで，学習に対する見通しが確かなものになり，その後の学習の流れを把握することができます。そして，このように確認することを通して「うまく実行することができる」と感じることができれば，その後の学習に対する動機づけが高まるのです。

第3章
「実行する」フェーズの
自己調整方略

表1 「実行する」フェーズの自己調整方略

フェーズ	プロセス	サブプロセス	自己調整方略カテゴリー	自己調整方略
実行する	推進	環境設定	リソース管理	17 学習に適切な道具を選択する
				18 学習に適切な人数や役割を考える
		情報活用	認知的	19 情報を収集する
				20 情報を関連づける
				21 情報を多面的に見て，吟味する
				22 情報を構造化し，考えをつくる
				23 新たな価値を創造する
				24 創造した価値を発信する
				25 大切な情報を繰り返し言ったり，書いたりして理解を深める
	確認	実行確認	メタ認知的	26 学習が課題・目標からずれていないかを確認する
				27 実行している方法・方略が適切かを確認する
				28 計画を基に時間配分を確認する
		環境確認		29 学習に取り組みやすい物的・人的環境になっているかを確認する
		自己指導		30 自分に質問するようにして，学習の進捗を確認したり，内容の理解を深めたりする
		情動観察		31 学習に向かう自らの気持ちを確認する
		自己記録		32 学習の進捗について確認したことや，学習中に大切だと思ったことを記録する
	調節	実行調節	リソース管理	33 学習活動を調節する
				34 方法・方略を調節する
				35 計画を基に時間配分を調節する
		環境調節		36 学習が進みやすい物的・人的環境に調節する
		援助要請		37 学習がうまく進まなかったり，時間が足りなかったりした際に他者に相談する
		興味促進	動機づけ調整	38 困難な課題をやりがいのある挑戦であると考える
				39 得意なところや簡単なところ，興味深いところを見つけて取り組む
		情動調節	情動調整	40 不快な感情のとき，その原因や理由，意味について考える
				41 不快なことがあったとき，そのことをどのようにすれば解決できるのかを考える
				42 不快さを感じたら，休憩したり，別のことをしたりする

　表1が「実行する」フェーズのプロセス，サブプロセス，
自己調整方略カテゴリーとその詳細です。

　「推進」プロセスでは，学習の課題を解決し，目標を達
成するために学習を進めていきます。「推進」プロセスは，
「環境設定」「情報活用」のサブプロセスで構成され，9つ
の自己調整方略があります。「環境設定」では，学習を進
めるうえで適切な道具を選択したり，学習を進める際の人
数・役割分担などの学習環境について考えたりします。次
に，「情報活用」のサブプロセスでは，課題を解決し，目

標を達成するための学習活動を実行していきます。ここで示す方略は「情報活用能力」と言い換えることもできます。したがって，情報の収集，整理・分析，まとめ・表現といった探究プロセスを学習者が主体的に進めていくうえで，ここに示す方略は非常に重要であると言えます。

「確認」プロセスでは，実行している自らの学習が順調に進んでいるのかを観察（モニタリング）します。このプロセスには，「実行確認」「環境確認」「自己指導」「情動観察」「自己記録」の５つのサブプロセスがあります。「実行確認」「環境確認」は，自らの学習行動と学習環境を確認します。「自己指導」「情動観察」は自らの感情や動機づけについて確認します。そして，「自己記録」では，確認したことや学習を進めるうえで重要であることをその後の学習に活かすために記録します。

「調節」プロセスでは，「確認」プロセスで観察（モニタリング）した事柄の中で，修正が必要であると考えられる事柄を調節（コントロール）します。このプロセスには「実行調節」「環境調節」「援助要請」「興味促進」「情動調節」の５つのサブプロセスがあり，「実行調節」「環境調節」「援助要請」において学習行動や学習環境を調節し，「興味促進」「情動調節」において，学習を進める自らの動機づけや情動を調節します。

実行する―推進―環境設定【リソース管理方略】

17　学習に適切な道具を選択する

　「学習に適切な道具を選択する」方略は，**課題・目標を解決・達成するうえで，どのような道具を活用すれば効果的・効率的に学ぶことができるのかを考え，選択する方略**です。学校教育において児童生徒が授業中に選択することができる道具は，筆記用具，教科書，資料集，問題集，ノート等の記録用紙，タブレット PC，その他の教材・教具などです。タブレット PC においては，インストールされているソフト・アプリケーションも選択することができます。また，シンキングツールも学習において選択することができる道具の 1 つです。この方略は，様々な道具を比較し，学習の課題・目標を解決・達成するうえで効果的なもの，学習を効率よく推進することができるものを，自らの判断で選択する際に用いる方略なのです。

　学習者が，適切な道具を選択することができるようになるためには，それぞれの道具にどのような特性があるのかを知っている必要があります。例えば，社会科の歴史学習において，課題についての情報を収集する時間に教科書，資料集，web サイトの動画といった選択できる道具があったとします。学習者がそれらの中から適切な道具を選択するには，「その道具で，どのような情報を得ることができるのか」，また「その道具を使えば，どの程度の時間で，どれほどの範囲の情報を得ることができるのか」といった

064

一つひとつの道具の特性を理解している必要があります。タブレットPCのアプリケーションも同じで，「グラフや表を入れてレポートを作成する」には，まず，文書作成ソフト，表計算ソフト，プレゼンテーションソフト，学習支援ソフトのどのソフトを活用すれば，見やすくて美しいレポートを効率よく作成することができるのかを考える必要があります。このときも，それぞれのソフトの特性を理解していなければ，適切な道具を選択することができません。

図1は，「情報活用スキルカード」を参照しながら，適切な道具を選択している様子です。このように，道具の特性が整理されたカードを配付し，参照することができるようにしておくことで，児童生徒は学習活動を進めるうえで効果的・効率的な道具を主体的に選択することができるようになるのです。

図1 学習方法が整理された一覧表を参照し，
　　適切な道具を選択している様子

実行する―推進―環境設定【リソース管理方略】

18 学習に適切な人数や役割を考える

「学習に適切な人数や役割を考える」方略は，**課題・目標の解決・達成に向け，適切な人数や役割分担を考える方略**です。

図2は，中学1年生が，数学の時間に自由進度で学んでいる様子です。この授業では，生徒が課題として示された4枚のプリントに取り組む際に，自らにとって学習しやすい学習環境を選択していました。図2には，2人，もしくは4人で机を向かい合わせにして学んでいる生徒の姿が見られます。また，何名かの生徒は立ち歩きながら座って学んでいる生徒と話をしています。この図には見られませんが，1人で黙々と問題に取り組む生徒やYouTubeを視聴

図2　自由進度で学ぶ生徒の様子

しながら理解を深める生徒の姿も見られました。これらの生徒は、自分が学習を進めやすい環境を考え、選択していたのです。学習者自身が最も学びやすい環境を考え、学習を進めることは、主体的に学びを進めるための土台となり、動機づけや情動の調整にもつながります。

　図3は、アンケートで収集した情報を分析する活動を「データを読み取る」「データを分類する」「分析の順番を確認する」の3つの役割に分担して学習を進めている様子です。この方略には、自己調整だけでなく、他者との協働を調整する「社会的に共有された調整（伊藤，2017）」という側面もあります。このように、学習での役割分担を考えることにより、学習者が適切な学習環境を構築し、主体的に学びを進めることにつながるのです。

図3　アンケートの結果を役割分担して分析する様子

実行する―推進―情報活用【認知的方略】

19 情報を収集する

　「情報を収集する」方略は，**課題・目標の解決・達成に向けて効果的・効率的な情報収集の方法・方略を選択し，必要な情報を収集していく際に用いる方略**です。これまでの学習では「環境設定」のサブプロセスにおいて「リソース管理方略」を発揮し，「学習に適切な道具」を選択しています。ここでは，選択した道具を用いて，どのように情報を収集することが課題・目標を解決・達成するうえで効果的であるのかということを考えます。

　図4は，情報活用スキルカードに示された情報を収集する方法と方略です。小中学校の授業では，情報を収集する際に図4の上段に示されたような学習方法が用いられます。このような一覧表を参照することで，児童生徒は適切な方法を選択することができるようになります。例えば，「新聞を作成する」ことが単元の課題であれば，書きたい記事

情報を集める方法を選ぶ						
カメラで写真や動画，音をとって情報を集める。	インターネット情報を集める。	適切な図書や辞書・辞典を使って情報を集める。	インタビューをして（聞いて）情報を集める。	メモに書き取りながら情報を集める。	観察，見学，実践して情報を集める。	アンケートをして情報を集める。
必要な情報を選ぶ						
絵や写真，文章，図，表，グラフ，映像をくらべて，必要な情報を選ぶ。	人の話をメモを取り，必要な情報を選ぶ。	実験，見学，観察の結果から必要な情報を選ぶ。	アンケートから必要な情報を選ぶ。			

図4　情報を収集する方法・方略

の内容に合わせて,「インタビューをする」「アンケートをする」「見学に行ってカメラで写真を撮る」といった方法の中から,最適な方法を自ら選択することができます。

　また,このカードには,「必要な情報を選ぶ」際の方略が例示されています（図4下段）。情報を収集する際には,課題・目標の解決・達成に応じて適切な方法を選択するとともに,その方法で効果的・効率的に活動を進めるために,どのようなやり方（方略）で学習を進めればよいのかを考える必要があるのです。図4に例示されている方略は,「絵や写真,文章,図,表,グラフ,映像をくらべて必要な情報を選ぶ」「実験,見学,観察の結果から必要な情報を選ぶ」「アンケートから必要な情報を選ぶ」といったように,集めた情報を比べ・選択する方略が示されています。これらが情報を収集する方略のすべてではありませんが,一覧表に示されたこれらの方略を参考にすることによって,どのように情報を収集することが課題・目標を解決・達成するうえで効果的・効率的であるのかを考えるヒントになり,学習者が自分の学習スタイルに合った方略を自ら生み出すことにつながります。

　このように,課題・目標の解決・達成に向けて適切に「情報を収集する」方略とは,多種多様な情報を収集する方法・方略から,学習者自身が効果的・効率的に学びを進めることができる方法・方略を選択したり,生み出したりして学習を自ら推進していく方略なのです。

実行する—推進—情報活用【認知的方略】

20 情報を関連づける

「情報を関連づける」方略は、**収集した情報に対する理解を深め、課題・問題を解決・達成するためにそれらの情報を活用できるようにする方略**です。

図5は、情報と情報、情報と知識を関連づける際のイメージ図です。情報収集を行うと、見つけた情報から必要な情報を選択し、ノートやタブレットPCなどにメモします。しかし、取り出された情報は、図5の左側のように、それぞれの情報が独立していきます。このままでは、集めた情報に対する理解を深め、課題・問題を解決・達成するためにそれらの情報を活用することが難しいです。そこで、収

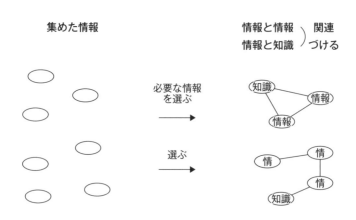

図5 情報と情報、情報と知識を関連づけるイメージ
（木村 2020）

集した情報と情報の関係，収集した情報について知っていること（知識）の関係について考え，図5の右側のように，同じ意味をもつもの，類似する関係にあるもの，説明する関係にあるもの，包括する関係にあるもの，対比する関係にあるものを関連づけます。このように関連づけることにより，集めた情報についての理解が深まり，収集した情報を，課題・問題の解決・達成に向けて活用することができるようになります。

情報と情報，情報と知識を関連づける際には，**コンセプトマップ**が効果的です。図6のように，中心に課題を記述し，課題の解決に最もつながる情報を課題の近く（図6の内側の楕円のあたり）に記述します。そして，それらの情報に関連すると考えられる情報や知識を外側に記述していきます（図6の外側の楕円のあたり）。そして，記述した情報と情報，情報と知識の関係をつなぐ線の上にそれらの関係を記述していくことで，関連が明確になります。

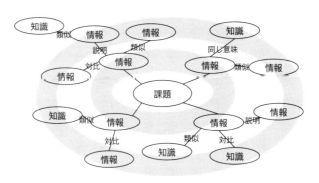

図6　情報と関連づける際のコンセプトマップの例

実行する―推進―情報活用【認知的方略】

21 情報を多面的に見て，吟味する

　「情報を多面的に見て，吟味する」方略は，**カテゴリーを生成したり，収集した情報を別の見方で見直したりする方略**です。

　図7は，関連づけた情報や知識を比較し，カテゴリーを生成する際の例です。図のように，類似関係にあったり，説明関係にあったりする情報は，それらをまとめて1つのカテゴリーとして考えることができます。このように，収集した情報が「どの情報と似ているのか」，また「どの情報とは異なるのか」を考える（比較する）ことが，情報を多面的に見て，吟味するということなのです。

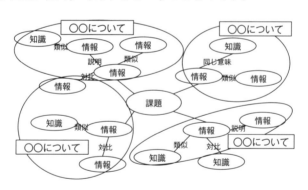

図7　カテゴリーを生成し，多面的に見る

　図8は，収集した情報を2つの見方で，比較する際の例です。教科学習には，様々な見方が存在します。教科特有の見方，もしくは領域・単元特有の見方で，収集した情報

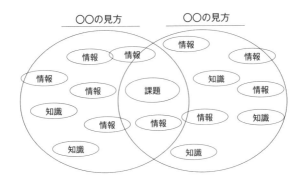

図8 ベン図で多面的に見る際の例

を比較することで、情報を多面的に見て、吟味することができます。

また、図9は、収集した情報を3つの見方で多面的に見る際の例です。図8では、それぞれの見方で見た際に共通する部分とそうでない部分について検討することができますが、図9は、共通する部分を検討せず、それぞれの見方ごとに情報をはっきりと分類することができます。

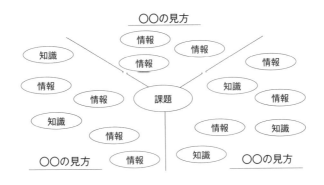

図9 Yチャートで多面的に見る際の例

第3章 「実行する」フェーズの自己調整方略　073

実行する—推進—情報活用【認知的方略】

22 情報を構造化し，考えをつくる

「情報を構造化し，考えをつくる」方略は，**関連づけたり多面的に見たりして理解を深めた情報から，自らの考えをつくる際に用いる方略**です。ここで示す「考え」は，「考察」とは区別しています。本書において「考察」とは，収集した情報から思ったこと，引っかかったこと，気づいたこととしています。次に，「考え」は，集めた情報と関連づいた情報・知識，そして，それらに対する考察を総合したものとしています。したがって，「情報を構造化し，考えをつくる」方略とは，情報・知識・考察を組み合わせ，自らの考えを明らかにしていく方略となります。

図10は，「情報を多面的に見て吟味する」方略で整理したものに，「考察」を追記した例です。このように追記す

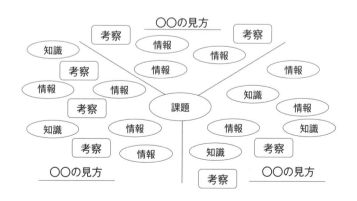

図10　情報や知識を基に考察する際の例

ることで，情報や知識に対する思いや気づき，引っかかりを導き出しやすくなり，情報を構造化して考えをつくり出しやすくなります。

　次に，情報・知識と考察を図11のように構造化して，自らの考えを生成します。図11は，**ピラミッドチャート**を活用して自らの考えを生成した例です。この図では，情報を構造化し，考えをつくり出すために，まず，集めた情報とその情報に関連する知識を一番下に記述します。そして，2段目に考察を記述したうえで，情報・知識，考察を比較・総合して，自らの考えを3段目に記述します。考えをつくり出す際には，情報や知識を組み合わせたり，最も印象に残る情報を選択したり，整理した情報・知識・考察から新たな言葉や文章を導き出したりして自らの考え（主張）を生成するのです。

図11　ピラミッドチャートを活用して自らの考えを生成する際の例

実行する―推進―情報活用【認知的方略】

23 新たな価値を創造する

「新たな価値を創造する」方略は，**これまでの学習で生成してきた「考え」を基に，新たな価値をつくり出す方略**です。ここでいう「新たな価値」とは，学習を積み重ねることによって至った新たな考え方や法則・公式や，1時間1時間の学習で身につけた知識や技能を総合してつくり出したリーフレット，新聞，プレゼンテーション資料，絵画作品などを指します。「新たな価値」を生成するための材料は，レギュレイトフォームの「本時の振り返り」に表現されています。レギュレイトフォームの「本時の振り返り」には，1時間1時間の学習の「成果」と「課題」の枠があり，「成果」の部分に，その時間に解決した課題や達

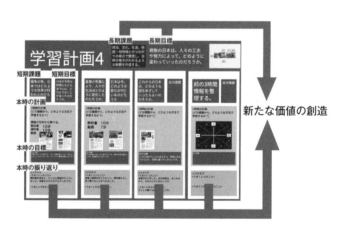

図12　レギュレイトフォームで新たな価値を創造する際のイメージ

成された目標が記述されています。これらの記述を参考にしながら，それぞれの時間の振り返りの記述を読み返し，この単元を通して何を得ることができたのか，何をつくり出すことに至ったのかを考え，「新たな価値」を創造していくのです（図12）。

　図12は，レギュレイトフォームで「新たな価値を創造」する際のイメージです。例えば，単元の最後にレポートを作成するという長期課題が出されていたとします。その場合，レギュレイトフォームの「本時の振り返り：成果」の記述を基に，これまでの学習で収集し，関連づけた「情報」「知識」「考察」，生成した「考え」を想起します。そして，それぞれの時間に生じた成果を活かし，レポートの文章を書いたり，図表を作成したりして「新たな価値」であるレポートを創造していきます。また，新聞やリーフレットを作成する際も，それらが，「わかりやすい表現になっているのか」「見やすく理解しやすいデザインになっているのか」を確認します。「新たな価値」が，1つの考え方や法則の場合は，「だれにとってもわかりやすいものになっているのか」「便利に活用することができるものになっているのか」という視点を意識しながら価値をつくり上げるように意識することが，「新たな価値を創造する」方略において非常に重要です。

　このように「新たな価値を創造する」方略は，自らの考えを基に価値をつくり出し，受け手にわかりやすく伝えていく方略なのです。

第3章　「実行する」フェーズの自己調整方略　077

実行する─推進─情報活用【認知的方略】

24 創造した価値を発信する

「創造した価値を発信する」方略は，**創造した「新たな価値」を発信する際の方法を選択し，その方法で受け手にわかりやすく伝えるための工夫を考える際に用いる方略**です。

「新たな価値」を発信する際は，プレゼンテーションなどの受け手に対面で伝える方法や，ポスター・リーフレットといった創造物を介して伝える方法，音声を録音したり動画にまとめたりして伝える方法があります。そして，それぞれの方法ごとに伝えたいことを効果的に受け手に伝えるための方略が存在します。価値を発信する際に，受け手にわかりやすく伝わる方法を選択し，その方法でどのように伝えるのかという方略を考え，学習を推進していくことが「創造した価値を発信する」方略です。

学習者が創造した価値を，受け手を意識しながら効果的に発信していくには，価値を発信する際の目標設定が重要です。その目標を学習者が明確にもつために，ルーブリック・評価基準表を学習者に提示することが効果的であると考えます。図13，14はプレゼンテーションで価値を伝える際に，学習者である児童生徒が自己・相互評価し，主体的に自らのプレゼンテーションを確認・改善することができるように作成したチェックカードの一部です。図13は，プレゼンテーションを行う際の話し方や立ち居振る舞いなど

方法に関すること

番号	チェック項目	4	3	2	1
A					
1	しっかり声が聞こえていたか	全ての場面で全ての言葉がとてもよくきこえていた	聞こえにくいところが、2文程度あったがそれ以外はよくきこえていた	聞こえにくいところが半分以上あった	多くの場面で聞こえにくかった
2	元気で明るい声だったか	全ての場面で元気で明るい声だった	明るくない部分が2箇所程あったがそれ以外は明るい声だった	あまり元気がない場面が発表時間の半分以上であった	多くの場面で元気がなかった
B					
1	はっきりわかりやすく、つまらずに話せていたか	全ての場面でつまらず、大変はっきりとわかりやすく話せていた	何回かつまることはあったが、はっきりとわかりやすく話せていた	所々でつまり、あまりはっきりと話せていなかった	よくつまり、何を話しているのかがわからなかった

図13 プレゼンテーションの伝え方を確認するカードの一部

スライドの作成に関すること

番号	チェック項目	4	3	2	1
H					
1	文字の大きさはよかったか	すべてのスライドで大きく見やすい文字の大きさであった	文字が大きすぎたり、小さすぎたりするスライドが1、2枚あった	文字が大きすぎたり、小さすぎたりするスライドが何枚かあった	文字が大きすぎる、小さすぎて読めないスライドがほとんどであった
2	文字数はよかったか	すべてのスライドで聞き手がすぐに読めるぐらいの文字数であった	多くのスライドが、聞き手がすぐに読めるぐらいの文字数であった	文字数が多く、直ぐに読み取ることができないスライドが半分ほどあった	文字数が多く、すぐに読み取ることができないスライドがほとんどであった
3	文字の種類に工夫はあったか	スライドの全体を通して必要に応じて、聞き手に伝えたいことを強調するために効果的な文字の種類を工夫してあった	効果的な文字の種類の工夫がいくつかのスライドであった	文字の種類の工夫をしたスライドが一枚はあった	文字の種類に工夫がなかった

図14 プレゼンテーションの資料を確認するカードの一部

を確認する項目の一部です。また、図14は、プレゼンテーションの資料を確認する際の項目の一部です。

児童生徒がこのような教材を持ちながら自他のプレゼンテーションを視聴することで、受け手にわかりやすい伝え方を考え、工夫していくことができます。このように伝え方を追究する姿こそが学習行動を調整している姿であると言えます。

プレゼンテーションパワーチェックカード→

第3章 「実行する」フェーズの自己調整方略 079

実行する—推進—情報活用【認知的方略】

25 大切な情報を繰り返し言ったり，書いたりして理解を深める

「大切な情報を繰り返し言ったり，書いたりして理解を深める」方略は，**物事を記憶する際に効果的な方略であり，リハーサル方略とも呼ばれています。**

図15は，中学生が重要な語句を覚えるために自ら工夫して作成したノートの一部です。この記述を見ると，左側に線を引き，線の左側に記憶したい言葉を記述しています。また，右側にはその言葉の説明や意味が解説されています。重要な語句を図15のように整理すると，左側の語句を隠して，何度も言ったり，書いたりして覚えることができます。

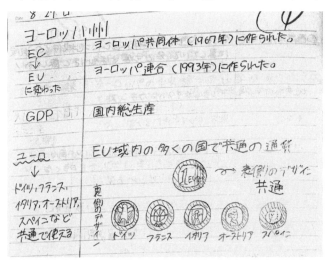

図15 中学生が重要な語句を覚えるために作成したノート

また，語句を覚えたら，次は右側を隠し，重要な語句の説明を繰り返し言ったり，書いたりすることで，語句に対する理解を深めることができます。

　この方略は，学習の理解を深め，情報を知識にしていくうえで様々な授業場面に応用することができます。図16は，これまでの授業でまとめたレポートを他者に見せながら自らの考えを伝えている様子です。自らがまとめたレポートを提示しながら伝え合うことで，まとめた情報を何度も読んだり，レポートの内容について議論を深めたりすることができます。このように伝え合うことを通して，児童生徒は，レポートに記述したことに対する理解を深め，学習内容を記憶することができるのです。

図16　まとめた情報を様々な人に伝えている様子

実行する―確認―実行確認【メタ認知的方略】

26 学習が課題・目標からずれていないかを確認する

「学習が課題・目標からずれていないかを確認する」方略は、**その時間の課題・目標を振り返り、取り組んでいる学習活動が課題の解決や目標の達成に向けて進んでいるのかを確認する方略**です。児童生徒が、学習活動に熱中することはとても大切です。しかし、熱中すればするほど、「実行している学習活動がいつの間にか課題・目標の解決・達成からズレてしまっている」ということがあります。この方略は、そのようなズレに気づくためのものです。

実行している学習活動が「課題・目標からズレているのか・いないのか」を確認できるようになるためには、学習

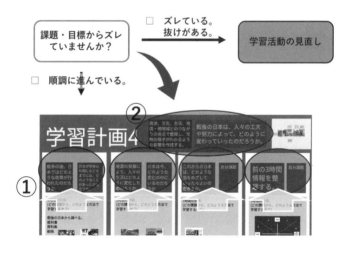

図17 レギュレイトフォームで課題・目標を確認する際の例

082

活動の実行中に「確認タイム」を設定することが効果的です。確認タイムの導入は，まず，教師の声かけによって課題・目標を確認することから始めます。次に，学習活動が課題・目標からズレていないかをレギュレイトフォームを用いて確認します（図17）。その際の手順として，まず実行中の学習活動が本時の計画のどの部分に該当する活動なのかを確認します。そして，その活動が本時の課題・目標を解決・達成するために行われる活動になり得ているかについて考えます。また，今取り組んでいる活動を継続することで，単元の課題・目標が解決・達成につながるのかを考えます。このように，課題・目標を確認する時間を設定することにより，児童生徒は，実際に行っている学習活動の意味や目的を自らに問い直すことができます。このように学習を確認し，活動が順調に進んでいた際は，方法・方略の確認に進みます。また，課題・目標からズレていた場合は，学習活動の見直しを行います。

　実行確認は，学習活動の実行中に確認タイムを設定することが効果的であると述べましたが，児童生徒が学習活動を確認することに慣れてくると，そのような時間を教師が設定しなくても，主体的に学習活動を確認することができるようになります。学習者が慣れてきたら学習活動が終わるごとに学習が順調に進んでいるかを確認するように伝えたり，学習計画の中に，確認タイムを設定するように促したりすることで，児童生徒が主体的に学習を確認する姿につながっていきます。

実行する―確認―実行確認【メタ認知的方略】

27 実行している方法・方略が適切かを確認する

「実行している方法・方略が適切かを確認する」方略では，**取り組んでいる学習活動の方法・方略（この方略は，学習のやり方を指す）が適切であるかを確認します**。方法・方略を確認する際には，それらが，課題・目標を解決・達成するうえで効果的なのか，また，効率がよい方法・方略なのかについて確認します。

図18は，レギュレイトフォームで学習方法・方略が適切かを確認する際の例です。実際に方法・方略を確認する際

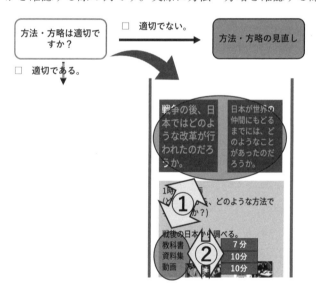

図18 レギュレイトフォームで学習方法・方略が適切かを確認する際の例

は，まず，「本時の計画」に書かれている方法・方略とその時間の目標を比較して，今の方法・方略が課題・目標を達成するうえで最適であるのかを確認します（図18①）。次に，事前に設定した時間配分を確認し，取り組んでいる方法・方略で時間内に課題・目標を解決・達成することができるのかを確認します（図18②）。

　この方略で確認する学習方法は，「インターネットで調べる」「プレゼンテーションソフトでまとめる」など，これまでに経験したことから選択して実行されることが多いですが，方略は学習を進めながら学習者自身が創意工夫して「自分のやり方」として実行していることがほとんどです。例えば，「インターネットで調べる」という方法に対する方略ならば，「課題に含まれている言葉を一つひとつ順番に調べていく」や「検索する際に複数の言葉を入れ，検索結果を減らし，調べやすくする」など，人それぞれで異なります。このように，人によって方略が異なることを児童生徒が把握していないことが多く，学習方略が効果的・効率的であるのかを判断することが難しい状況であることがあります。そこで，方略の確認をする際は，一緒に学習を進めている他者と「どのようなやり方で学習を進めているのか」について交流する時間を設けることが効果的です。このように学習方略について交流することにより，学習者は，自らの方略を見つめ直し，効果的・効率的な方略を見つけ出すことができるようになるのです。

実行する―確認―実行確認【メタ認知的方略】

28 計画を基に時間配分を確認する

「計画を基に時間配分を確認する」方略は，**授業の中で，自ら（児童生徒）に与えられた時間（自由進度で学びを進める時間）と，自らが決めた学習活動の時間配分を比較し，時間内に課題・目標の解決・達成に至るのかについて考える方略**です。

図19の下部は，小学４年生が体育科の学習で活用するために作成されたレギュレイトフォームです。このフォームでは，児童が自由進度で学ぶ時間を25分間と示しています（図左）。そして，図の右側にこの授業で実行する学習活動とそれぞれの活動の時間を児童が記述しています。このフ

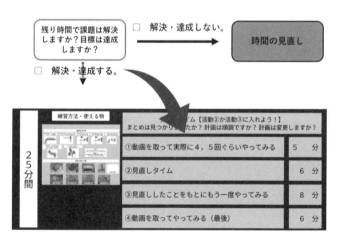

図19 自由進度で学ぶ時間を示し，個々の学習活動の時間配分を調整できるレギュレイトフォームの例

ォームでは，学習の特性から確認タイムを「見直しタイム」と表現しています。児童は「見直しタイム」になると，課題・目標の確認，方法・方略の確認を行った後，時間配分の確認を行います。時間配分の確認では，その時点で課題・目標がどの程度解決・達成しているのかを確認し，残り時間で解決・達成に至るのかについて検討します。そして，検討した結果を基に，残り時間で課題・目標を解決・達成することが難しいと判断した場合，時間配分やその後の学習活動を調節するのです。

　図20のフォームは，左側にその時間の目標が設定されており，右側の学習内容の下のセルに，学習活動を5分ごとに選択できるよう設計されています。このフォームを活用して学習活動を決めていくことにより，児童が1つの学習活動を終えるごとに，残り時間を意識し，その後の活動の時間配分を確認する姿につながりました。

　このように，学習活動だけに熱中するのではなく，学習の進捗を確認し，必要に応じて調節を行うことが，主体的に学びを進めるうえで非常に重要です。

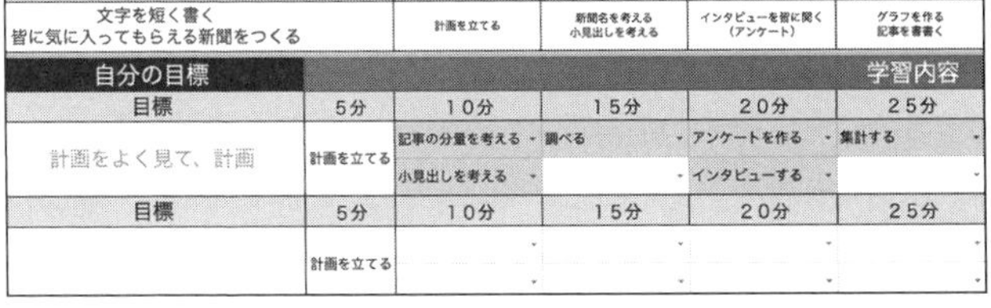

図20　時間配分が意識されたレギュレイトフォームの例

実行する―確認―環境確認【メタ認知的方略】

29 学習に取り組みやすい物的・人的環境になっているかを確認する

「学習に取り組みやすい物的・人的環境になっているかを確認する」方略では，**「環境設定」のサブ・プロセスで実施した「学習に適切な道具を選択する」「学習に適切な人数や役割を考える」方略を用いて決めた物的・人的な学習環境が取り組みやすい環境になっているかについて確認します**。具体的には，学習環境が「取り組みやすい物的構成になっているのか」「取り組みやすい人的構成になっているのか」「効果的な役割分担になっているのか」の3点について確認します。

「取り組みやすい物的構成」とは，学習を進めるうえで，物的な学習環境が理解を促進したり，活動を効率よく進めたりすることにつながる構成になっているのかということです。例えば，タブレットPC内の設定や机の上の環境が適切に構成されていなければ，学習を進めるうえで必要な情報や道具をすぐに見つけ出すことができず，効率よく学習を進めることができません。また，学習を推進するうえで，参考になる情報が掲載されているサイトや書籍は，すぐに取り出せるように設定したり，手の届く場所に置いておいたりすることでそれらを探す無駄な時間がなくなり，効率よく学習を進めることができます。

「取り組みやすい人的構成」とは，学習を進めるうえで

088

効果的・効率的な人的構成になっているのかということです。児童生徒が自由進度で学習を進める際は、人的構成を調整できることが重要になります。自由進度で学ぶ授業に慣れていない児童生徒は、学習の課題・目標の解決・達成に適した人的構成を選択するのではなく、日常生活での関わりの濃淡で人的な構成を考えがちです。日常生活を送るうえで関わりが多い人と環境を構成した方が、学習が円滑に進む場合もありますが、学習に対する動機づけが低い場合は、そのような構成が裏目に出ることが多いです。この方略では、自らの学習をメタ認知し、推進している人的構成で、自らの学習が課題・目標の達成・解決に向けてよりよく進んでいるのかを確認することが大切なのです。

　最後に「効果的な役割分担」について確認します。児童生徒が役割分担をして課題の解決に向かうのは、協働で学ぶ授業においてです。ここでは、推進プロセスで決めた役割分担が適切かどうかについて確認します。役割分担の確認は、主に課題・目標の解決・達成に向かう役割になっているかどうか、そして、それぞれの役割が適切な人数になっているかどうかを確認します。

　このように、物的構成、人的構成、役割分担の3つの視点を確認し、適切な学習環境であった場合は、そのまま学習を再開し、適切ではないと判断した場合は、それらを調節したうえで学習を再開します。上記のように、この方略は「物的構成」「人的構成」「役割分担」の3つのリソースを確認し、管理するための方略なのです。

第3章　「実行する」フェーズの自己調整方略　089

実行する―確認―自己指導【メタ認知的方略】

30 自分に質問するようにして,学習の進捗を確認したり,内容の理解を深めたりする

「自分に質問するようにして,学習の進捗を確認したり,内容の理解を深めたりする」方略は,**自らに質問することを通して,学習の進捗をメタ認知したり,学習内容の理解を深めたりする方略**です。

図21は,自分に質問するようにして,記述するワークシートの例です。学習中や学習の振り返りの際にどのようなことがうまくいかなかったのかを確認することを目的に作成されました。このワークシートでは,医者が学習を進めている児童に対して「どのようなモヤモヤがあるのか」

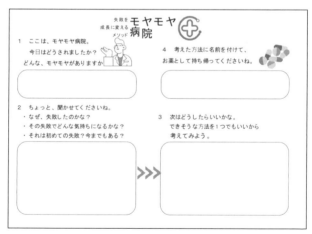

「失敗メソッド」(中島征一郎) を参考に作成

図21 自分に質問するようにして記述するワークシート例

「なぜ失敗したのか」「その失敗でどんな気持ちになるのか」「その失敗ははじめての失敗か，今までにある失敗なのか」といったことを問いかけるように作成されています。このような質問があることで，学習者がだれかに質問されているように，自らに問いかけることができるのです。

　他にも，「実行する」フェーズで「学習の進捗を確認する」際には，実行確認方略で示したように「今の学習が課題・目標からズレていないか」「学習の方法・方略は効果的か，効率的か」「残り時間で学習の課題・目標は解決・達成するのか」と自らに質問します。また，「学習内容の理解を深める」際は，「なぜ，そのような結果になったのか」「どうしてそうなったのか」といった理由や原因を自らに質問したり，「本当にそうなのか」「疑わしいところはないか」といった物事を批判的に考える際に用いる質問を自らに投げかけたりすることで学習内容に対する理解を深めることができます。加えて，情報活用方略で示した「情報を関連づける」「多面的に見て，吟味する」「構造化し，考えをつくる」などを行うことで学習内容に対する理解が深まることから，「調べたこと，調べたことと知っていることをつなげることはできたか」「調べたことと知っていることでグループをつくれたか」といったことを自らに質問すると，学習内容の理解を深めるうえで効果的です。

　このように，この方略では，自分に質問することを通して，自らの学習についてメタ認知したり，学習の状況を確認したりして，内容の理解を深めるのです。

第3章　「実行する」フェーズの自己調整方略　091

実行する―確認―情動観察【メタ認知的方略】

31 学習に向かう自らの気持ちを確認する

「学習に向かう自らの気持ちを確認する」方略は，**学習に対する情動を観察し，感情をメタ認知する方略**です。Pintrichの自己調整学習モデル（Pintrich, 2000：自己調整学習研究会2012）では，調整の領域として「動機づけと感情」の領域が示されており，「実行する」フェーズでは，動機づけと感情についてモニタリングし，それらを調節する方略を選択し，適用することの重要性が示されています。

AustraliaのAldinga Payinthi College（日本でいう小・中・高が一体になった学校で，South Australiaでは小学校をPrimary，中学・高校をSecondaryという）では，自らの気持ち（感情）を確認するために，体からの信号である情動（Body Signal）を観察するように指導しています。Body Signalとは，「眠たい」「だるい」「痛い」「ドキドキする」「汗をかく」といった体の反応や変化です。これらの反応や変化は，自らの感情を知る手がかりになると考えられており，Body Signalを敏感に受け取り，なぜそ

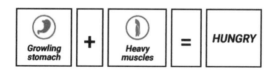

図22　Body Signalを組み合わせ感情につなげる際の例
　　　（Aldinga Payinthi College:Procedure Interoception）

のような感覚があるのかを考え，学習者が自らの感情をメタ認知するために取組を行っています。

　図22は，Body Signal の組み合わせから自らの感情をメタ認知することについて示した図です。「お腹が鳴る（Growling stomach）」という身体の反応と「体が重たい（Heavy muscles）」という身体の変化から「お腹が減っている（HUNGRY）」という感情に気づくことを示しています。この例を応用すると，プレゼンテーションをする前に「心臓がドキドキ」し，「手のひらに汗」をかいたりすることから「緊張している」という感情に気づいたり，「あくびが出る」「体がだるい」という体の反応・変化から，自らが「眠たい」状況にあるのだということに気づいたりすることができます。これまであまり着目されてきませんでしたが，Body Signal に目を向け，その信号を受け取り，自らの状態について考えることは，感情をメタ認知するための１つの手立てであると考えられます。

　また，「自己指導」での方略を応用し，自らの学習に向かう感情を確認することも効果的です。その際は，自らに対して「取り組んでいる学習内容をおもしろいと思うか」「なぜそのように思うのか」「学習を進めていて楽しいと思うか」「それはなぜか」「学習に対してやる気はあるか」「なぜそのように感じるのか」といったように学習に向かう気持ちについて自らに問いかけてみることで，自分の学習に対する感情をメタ認知することができ，情動を調整することにつながると考えます。

実行する―確認―自己記録【メタ認知的方略】

32 学習の進捗について確認したことや、学習中に大切だと思ったことを記録する

「学習の進捗について確認したことや、学習中に大切だと思ったことを記録する」方略では、**レギュレイトフォームをうまく活用したり、学習の進捗を確認する確認シートを作成したりすることで、児童生徒が、自らの学習の記録を残しやすくなります。**ここでの学習の記録とは、これまでの授業で児童生徒が記録してきた学習内容に関する記録だけでなく「自らがどのような方法・方略で学習をしたのか」「どのように学習を調整し、どのようなことがうまくいき、どのようなことがうまくいかなかったのか」ということも含まれます。このように自らの学習を記録しておくことで、それらの記録がその後の学習活動や、次の授業の活動に活かされ、学習を主体的に調整することができるようになるのです。

図23は、「実行する」フェーズに行われた確認タイムにおいて、変更された学習活動やそれに伴って変わったその

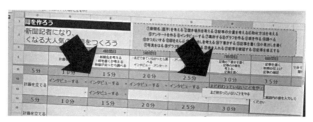

図23　学習の進捗をレギュレイトフォームに記録している様子

後の活動をレギュレイトフォームに記述している様子です。このように，計画を変更した場合，変更後の学習活動をレギュレイトフォームに記録しておかなければ，授業や単元の終末に自らの学習をきっちりと振り返ることができません。計画を変更したことをその都度記録しておくことで，次の時間の計画に活かすことができるのです。

　図24では，体育科の学習で自らの姿を動画で記録し，その姿をレギュレイトフォームに挿入しています（図24の左）。そして，挿入した動画を確認し，その後の活動で注意すべきところがわかる部分をキャプチャした静止画をフォームの右側に貼りつけ，気づいたことや次の授業で気をつけることを記述しています。

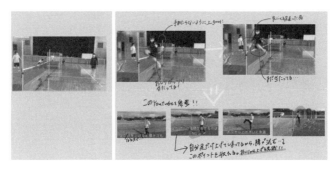

図24　学習に取り組んでいる様子の動画を記録したフォーム

　このように「実行する」フェーズで，自らの学習の様子を記録しておくことで，その後の活動や授業でこれらの記録を活かし，効果的・効率的な学習方法・方略を考え，主体的に学びを進めることができるのです。

第3章　「実行する」フェーズの自己調整方略　095

実行する―調節―実行調節【リソース管理方略】

33 学習活動を調節する

「学習活動を調節する」方略は，**「実行確認」の際に，取り組んでいる学習活動が課題・目標の解決・達成に向けて進んでいないと判断した場合に取り組みます。**

図25は，レギュレイトフォームを用いて，学習活動の調節を行う際の例です。「実行確認」において，課題・目標の解決・達成と学習活動がズレていたり，抜けていたりしたと気づいた際に，実行している学習活動を見直し，学習の調節を行います。学習を調節する際は，まず，レギュレ

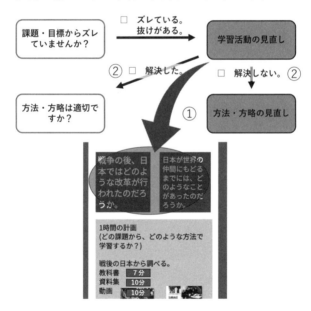

図25 レギュレイトフォームで学習活動を調節する際の例

イトフォームに記述されている本時の課題・目標を読み，実行している活動をどのように変更すれば課題・目標の解決・達成に至るのかということを考えます。このように，課題・目標に至る学習活動を再検討し，調節したことで，学習活動と課題・目標のズレが解消すれば，方法・方略の確認に進みます。

　図26は，児童が学習活動を変更することを視野に入れて作成されたレギュレイトフォームです。図中央の10分，15分，20分…と書かれたセルの下に，その時間に実施する学習活動を入力します。そして，「実行する」フェーズの確認タイムで学習活動を調節した際に，その活動の下のセルに変更した学習活動を入力するように設計されています。このように，計画の下に，調節した学習活動を入力することにより，どの活動をどのような活動に変更したのかをわかりやすく記録に残すことができます。また，変更前と変更後の学習活動の記録が残ることで，その後の授業でそれらの記録を参考にして学習計画を立てることもできます。

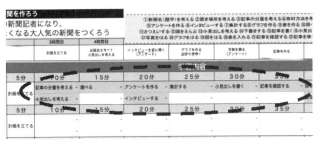

図26　学習活動の変更を視野に入れて
　　　作成されたレギュレイトフォーム

実行する―調節―実行調節【リソース管理方略】

34 方法・方略を調節する

「方法・方略を調節する」方略は，**「実行確認」の際に，取り組んでいる学習方法・方略が効果的・効率的でないと判断した際に用いる方略**です。

図27は，レギュレイトフォームで学習方法・方略を調節する際の例です。まず，取り組んでいる学習方法について検討します（図27①）。図27では，教科書，資料集，動画という３つの学習方法で情報を収集することが計画されていました。「方法・方略を調節する」方略では，これらの方法・方略を，課題・目標の解決・達成に対してより効果的・効率的なものに変更します。例えば，「資料集」で情

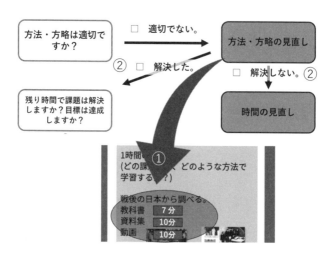

図27 レギュレイトフォームで学習方法・方略を調節する際の例

報を収集することが効果的ではなかった場合,「資料集」での情報収集を「教科書」に変更するといったことが「方法の調節」にあたります。また,「動画を視聴し,重要な言葉や文章をノートにメモする」という方略を実行していたことが効率的でないと判断した場合,「動画を視聴しながら,重要な場面をキャプチャーし,キャプチャーした画像をプレゼンテーションソフトに順に並べて記録する」というやり方に変更することが「方略の調整」にあたります。

このように「方法・方略を調節」する方略とは,実行している方法・方略を効果的・効率的なものに変更し,学習活動をよりよく進めるために用いる方略なのです。

方法・方略を調節するためには,学習者が多くの学習方法・方略を把握している必要があります。そのために,図28の情報活用スキルカードのように方法・方略を整理した一覧表を児童生徒に配付したり,互いの学習方略を交流し合う時間を設定したりして,学習者が方法・方略を選択できるよう支援することが重要です。

図28　情報活用スキルカードの抜粋

実行する—調節—実行調節【リソース管理方略】

35 計画を基に時間配分を調節する

「計画を基に時間配分を調節する」方略は，**「実行確認」の際に，残り時間で課題・目標が解決・達成しないと判断した場合に取り組む方略**です。

児童生徒が自由進度で学習を進めると時間配分が非常に重要になります。時間配分を確認すると，課題・目標の解決・達成に向けて実行している学習活動の残り時間が足りなかったり，余ってしまったりすることに気づくことがあります。そのような際に，時間配分を調節します。

図29は，レギュレイトフォームで時間配分の調節を行う際の例です。このレギュレイトフォームでは，それぞれの学習活動に何分取り組むのかが明確に示されています。ま

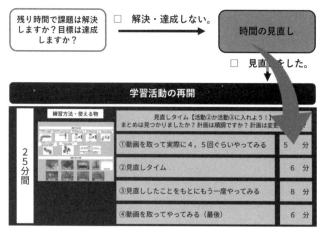

図29 レギュレイトフォームで時間配分の調節を行う際の例

た「見直しタイム」として学習を確認する時間が設定されていることから、確認後の時間が何分あるのかがわかりやすくなっています。

　この方略では、まず、残り時間が何分あるのかを明らかにします。そして、残り時間で課題・目標が解決・達成するのかを考え、時間が足りないと判断した場合、その後の学習活動の計画から、課題・目標の解決・達成に最も近づくと考えられる学習活動の時間配分を多くするなどして調節します。また、時間が余ると判断した場合は、さらに質の高い学習目標を設定し、学習内容の理解を深めることができる活動の時間を長くしたり、新たな活動を余った時間に入れたりして、時間配分を調節するのです。

　「時間配分を調節する」方略は、1時間の授業における調節だけでなく、単元の学習計画を基に、残りの授業時数で、単元の課題・目標が解決・達成するのかを考え、調節することも含まれます。授業時数を調節する際は、現在の学習状況を把握したうえで、残りの時数で課題・目標が解決・達成することが難しいと判断した場合、1時間1時間の学習活動の時間配分を比較し、課題・目標の解決・達成に直結する学習活動の時間を長くするなどして調節します。また、授業数を増減する場合は、学級全体で学習者同士、または学習者と指導者である教師が話し合う時間を設定し、合意のうえで授業数を増減することが重要になります。

第3章　「実行する」フェーズの自己調整方略　101

実行する—調節—環境調節【リソース管理方略】

36 学習が進みやすい物的・人的環境に調節する

　「学習が進みやすい物的・人的環境に調節する」方略は，**環境確認のサブプロセスにおいて確認した「取り組みやすい物的・人的構成になっているか」「効果的な役割分担になっているか」の３点を調節する方略**です。

　物的構成の調節とは，学習を実行している教室（部屋）の環境，机の上のものの配置，学習を行っているタブレット PC 内の情報の置き方（フォルダの構成など）を学習しやすいように変更することです。実行している教室の環境とは，児童生徒がグループで活動しているのであれば，同じ役割分担をしている学習者が近くで活動した方が，情報の伝達をスムーズに行うことができ，学習が効率よく進みます。また，向き合って座る，並んで座るなどの座り方を工夫することで，コミュニケーションが円滑になり，効率よく作業を進めることにつながります。「机の上の物の配置」「PC 内の情報の置き方」とは，机の上・PC 内を整理し，学習に必要なもの・情報をすぐに取り出すことができる環境にすることです。このように，学習を進めるうえでの教室の環境や自らの机の上，PC 内を学習が進めやすいように整えることを物的構成の調節と呼びます。

　次に，人的構成の調節とは，グループ活動など協働で学習を進めている際に，学習の進捗状況を踏まえ，役割ごとに人数を増減したり学習者の思いや特性を基に人的構成を

変更したりすることです。協働で学習を進める際の調節は，学習者が自らの学習をメタ認知するのと同時に，一緒に取り組んでいる学習者の進捗を把握する必要があります。また，学習の進捗だけでなく，共に学ぶ学習者が「どのようなことを思いながら学んでいるのか」「その学習者一人ひとりは，どのようなことが得意で，どのようなことを苦手としているのか」ということを理解することで，人的構成を適切に調節することができます。これらを把握したうえで学習を調節することは難しいように思えますが，小・中学校では，1年間のほとんどを同じクラスに所属する人たちと学習することから，協働で学ぶ経験が豊かになるにつれ，人間関係が構築され，適切な人的構成を調節しやすくなります。このように，協働で学ぶ際に，他者と関わりながら，お互いに学びを調整し合うことを「共調整」「社会的に共有された調整」と呼びます。協働学習を実現するためには，学習者同士がお互いのことを理解し，共に学習を調整し合うという考えをもつことが非常に重要です。このように，共に学習を調整し合う学びを実現するには，学習者の人権感覚を育成する必要があります。すべての学習者が常に得意なことに取り組めるわけではありません。得意でないことに取り組んでいる学習者に対し，他の学習者がフォローすることが共に学習を調整し合うということです。効果的・効率的な視点とともに，人権的な視点で協働的に学ぶことが人的環境を調節するうえで重要なことなのです。

第3章 「実行する」フェーズの自己調整方略　103

実行する—調節—援助要請【リソース管理方略】

37 学習がうまく進まなかったり，
時間が足りなかったりした際に他者に相談する

　「学習がうまく進まなかったり，時間が足りなかったり
した際に他者に相談する」方略は，**主体的に学習を進める
うえで非常に重要な方略**です。

　自由進度で学習を進めていると，「学習内容に対して十
分に理解ができない」「どのように学習を進めていけばよ
いのかがわからない」などのことが原因となり，自ら学習
を進めていくことができにくくなったり，学習は進めるこ
とができても，残り時間内に課題・目標を解決・達成する
ことができなくなったりしてしまうことがあります。この
ような状況を把握し，他者に援助を要請することができれ
ば，再び，自らの力で学習を進めていくことができたり，
残り時間内に学習の課題・目標を解決・達成できたりしま
す。

　この方略では，「実行調節」方略で学習を調節しても，
自分の力だけでは学習をうまく進めていくことができない，
時間内に学習を終わらせることができないと判断した際に，
他者に相談し，援助を求めます。他者に援助を要請するこ
とは，自らが学習を順調に進めることができていないこと
を把握したうえで，自分から他者に働きかけていかなけれ
ばならないことから，児童生徒にとっては難しいことであ
ると考えられます。そこで，援助要請の種類や援助要請の

表2　援助要請の種類と援助要請の仕方

援助要請 の種類	援助要請の仕方
他者参照する	ICT 等を活用して，他者がどのように課題を解決しているのかを参照する。
教師・友人に 相談する	何をすればよいのか（学習内容の意味）を聞く。
	どのように学習を進めているのかを聞く。
	一緒に学習を進めることができるかを聞く。

仕方を指導することで，児童生徒が他者に相談をしやすく
なると考えます。

　表2は，児童生徒が学習中にできる他者への相談の種類
（援助要請の種類）と相談の仕方（援助要請の仕方）の例
を整理した表です。ICT を活用することにより，他者の
学習の様子を参照したり，チャットを使うなどしてオンラ
インで相談したりすることができるようになり，他者への
相談がしやすくなりました。授業で ICT をうまく活用す
ることが，児童生徒が容易に援助要請をすることにつなが
るということです。また，教師・友人に対する援助要請は，
「何をすればよいのかを聞く」という学習の内容について
の相談，「どのように学習を進めていくのかを聞く」とい
う学習の方法・方略についての相談，「学習を一緒に進め
ていくことはできないか」といった相談が考えられます。

　このように，援助要請の仕方を整理しておくと，学習者
がそれを参照し，自分は何に困っているのかを考え，それ
に応じて援助要請することができるようになります。

第3章　「実行する」フェーズの自己調整方略　105

実行する―調節―興味促進【動機づけ調整方略】

38 困難な課題をやりがいのある挑戦であると考える

「困難な課題をやりがいのある挑戦であると考える」方略は、**学習に対する動機づけを調整する方略**です。

学習を進めていると、「何のために学習をしているのか」「このような学習をしてどのような意味があるのか」などのように、学習を進めることの意味を考えたり、不安を感じたりすることがあります。特に、困難な課題に取り組み、どのように学習を進めていけばよいかがわからなくっているときや、解決の糸口が見えなくなっているときは、一層学習に対する動機づけが低下してしまいます。そんなときに、取り組んでいる困難な課題を「やりがいのある挑戦」と捉え直すことで、低下した動機づけを高めることができます。

このように困難な課題を「やりがいのある挑戦」として捉え直すためには、「見通す」フェーズで考えた「課題興味」の「課題を解決するとどのようなことがわかるのか、できるようになるのか」や、「目標志向」の「目標を達成するとどのような能力が高まるのか」、「結果予期」の「学習の最後につくりだせるもの、理解できること、身につけることができること」について思い出すことがきっかけになります。

困難な課題に取り組み、学習への動機づけが低下している状況を「やりがいのある挑戦」に結びつけていくには、

現在の動機づけが低下している自分と，単元はじめの動機づけが高まっているときの自分とを比較することが効果的です。

図30は，ベン図を使って，困難な課題に対する現在の自分の気持ちと，「見通す」フェーズで「課題興味」「目標志向」「結果予期」のサブプロセスにおいて明らかにした学習に対する考えや思いを比較する際の一例です。このように書き出すことで，今の自分の気持ちと以前の気持ちを比較しやすくなり，低下した動機づけを改めて高め，困難な課題を「やりがいのある挑戦」であると捉え直すことにつながります。

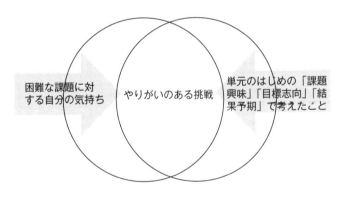

図30　困難な課題を「やりがいのある挑戦」
　　　であると捉え直す際の一例

実行する―調節―興味促進【動機づけ調整方略】

39 得意なところや簡単なところ, 興味深いところを見つけて取り組む

「得意なところや簡単なところ,興味深いところを見つけて取り組む」方略は,**困難な課題に出合い学習に対する動機づけが低下した際に,学習全体を見渡し,自らが「得意なところ」「簡単そうだと思うところ」「興味深いと感じるところ」を見つけて取り組む方略**です。このような視点で学習の全体を見渡すことにより,「これならできそうだ」「このことについては興味がある」といったように,学習に対する興味が促進され,再び動機づけを高めることにつながります。

個人で学習を進めていると,このような場面はよくあります。例えば,問題集や定期テストなど,短い時間に多くの問題に取り組む学習でこの方略が応用できます。個人で問題に取り組んでいる際に,難しい問題に出合い,長時間その問題に取り組んでも解答することができないことから,自分自身に対する自信を失ったり,学習に対する動機づけが低下したりすることがあります。その際に,いったんその難しい問題から離れ,その他の「得意な分野の問題」「簡単そうだと思う問題」「興味深いと感じる問題」を探して取り組むことで,問題に取り組むことに対する動機づけを一時的に高めることができます。

日常の授業においても,「つまずいたら,全体を見渡し

て得意なところから，簡単なところから，興味深いところ
を見つけ，そこから取り組めばよい」と思っておくと，困
難な課題に出合った際に，学習に対する動機づけを著しく
低下させることなく，学習を進めていくことができます。
困難な課題に出合ったときに「いったん離れることで，も
しかすると，それらの課題から新しい解決方法や知識を得
て，困難であると感じていた課題を解決することができる
かもしれない」と考えるのです。ただ，いったん離れた困
難な課題に再度挑戦しても，以前と同様に解決することが
できない場合もあります。そのときは，援助要請をして，
解決できなかった課題の解決方法を聞いたり，調べたりし
て，今後同じような問題に出合った際に解決できるように
しておく必要があることを学習者に伝えることが大切です。

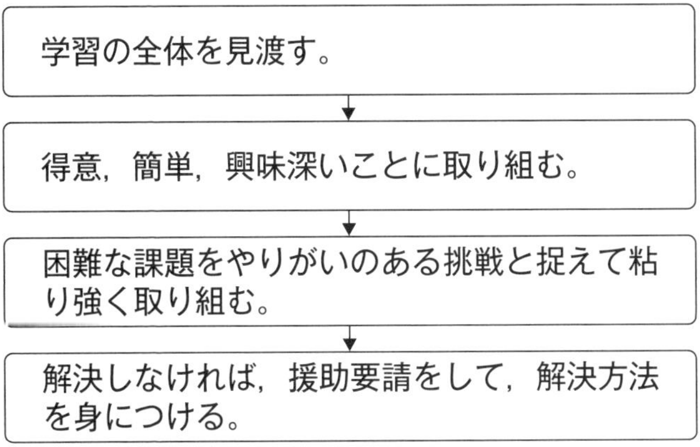

学習の全体を見渡す。

↓

得意，簡単，興味深いことに取り組む。

↓

困難な課題をやりがいのある挑戦と捉えて粘
り強く取り組む。

↓

解決しなければ，援助要請をして，解決方法
を身につける。

図31　得意なところ，簡単なところ，興味深いところを
　　　見つけて取り組む方略のステップ

第3章　「実行する」フェーズの自己調整方略　109

実行する―調節―情動調節【情動調整方略】

40 不快な感情のとき，その原因や理由，意味について考える

「不快な感情のとき，その原因や理由，意味について考える」方略は，**情動観察で認知した「気分がよくない」「学習に対して前向きな気持ちになれず，落ち着かない」「興味がもてず眠気が生じる」などの感情や情動を少しでも前向きにし，学習に取り組むことができるように調節する方略**です。

ここでの「感情」は，外から他者が観察することができない喜怒哀楽などの心の状態を指します。そして「情動」は，心の状態に加えて心の動きによって生じる身体の反応・変化や行動を指します。したがって「感情」「情動」の関係は，図32のようになります。この図からもわかるように，情動を観察し，調節することが，自らの感情を調節することにもつながるのです。

この方略は，学習に対する不快な気分を前向きなものに調節することを目的として用いる方略です。その際に，自

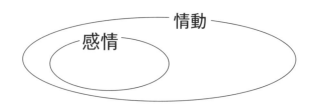

図32　感情，情動の関係

らの体に生じている身体的な反応・変化，行動（情動）の原因や理由，意味を考えます。

図33は，不快な気分が生じたときに，身体に生じている情動の原因や理由，意味を書き出した際の例です。このように記述することにより，生じている情動の原因，理由，意味を明らかにし，学習に対する不快な感情を調節することにつながります。この例では，原因を「必ずそうであると断定できる事実」，理由を「そうではないかなと予想される考察」，意味を「そのような原因や理由からわかること・考えられること」として記述しました。このように記述し，情動を理解することで，学習に対する感情を前向きなものに調節することができます。

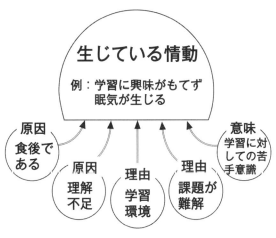

図33　不快な情動が生じたときに，原因や理由，意味を書き出した際の例

実行する―調節―情動調節【情動調整方略】

41 不快なことがあったとき,そのことを どのようにすれば解決できるかを考える

「不快なことがあったとき,そのことをどのようにすれば解決できるかを考える」方略は,**学習の実行中に不快なことに直面したときに用いる方略**です。

ここでの「不快」とは,学習の継続を阻害したり,動機づけを低下させたりすることにつながる情動です。例えば,授業中に落ち着いて座っていられなかったり,体のだるさ・痛みを感じたり,眠気が生じたりするといった状況が考えられます。このような状況に陥った際に,「座っていられない」「体のだるさ・痛み」「眠気」といった身体の反応・変化がなぜ起こり,それらをどのように調節すれば学びに向かうことができるのかを考えるのがこの方略です。

図34は,**キャンディーチャート**を用いて,情動がどのような感情から生じているのかを予想し,どのように調節すれば学習に前向きに向かえるようになるのかを考える際の

図34 キャンディーチャートで情動から
感情を予想し,解決策を考える際の例

例です。このように，左の枠に，生じている情動を記述し，真ん中の枠に，その情動がどのような感情から生じているのかを予想することで，そのときの自らの状況を理解することができます。また，感情を予想することができれば，不快な感情を少しでも気持ちよく学習に向かうことができるように調節することもできます（図34，右）。

　ただ，不快なことがあったとき，このようにいつもキャンディーチャートに書き出し，感情を予想して，どのように調整するかを考えていては，学習が時間通りに進んでいきません。大切なことは，児童生徒が自らの情動に敏感になり，不快さを感じた際に，その情動がどのような感情から生じているのかを予想し，どうすれば気持ちよく学習に向かうことができるのかを考える習慣を身につけることです。そして，そのような習慣を身につけることができると，情動と感情の関係や，不快な情動が生じた際の対処法を児童生徒がある程度把握し始めます。そうなると，キャンディーチャートに記述しなくても，情動の調整を自ら行うことができるようになります。また，このように情動を調整したことをレギュレイトフォームなどに記録していけば，それが自己記録となり，不快さが生じた際に，その記述を参照することで迅速で適切な対応ができるようになると考えます。

　情動から感情を予想し，どのようにすれば気持ちよく学習に向かえるのかという視点をもち続けることは，主体的に学ぶうえでとても重要なことであると考えます。

第3章　「実行する」フェーズの自己調整方略　113

実行する─調節─情動調節【情動調整方略】

42 不快さを感じたら，休憩したり，別のことをしたりする

　「不快さを感じたら，休憩したり，別のことをしたりする」方略は，**学習に行き詰まった際に効果的な方略**です。だれしも，同じことを長時間続けていると，そのことに対して不快な気持ちが生じ，学習に対する動機づけが低下することがあります。

　以前，中学校での授業を参観した際に，ある生徒が授業中に「先生，今日は勉強したくない」「めんどくさい」と教科担当の先生に話しかけている姿を見ました。その授業は，自由進度で学習内容についての理解を深める授業で，他の生徒は教科書の内容をノートに整理したり，問題集の問題に挑戦したりしていました。その生徒も，はじめは学習に取り組んでいましたが，「学習に取り組みたくない」という感情を抑えきれず，担当の先生に声をかけたようでした。その際，担当の先生は，その生徒の言葉を否定することなく受け入れ，「この本を読んでみたら」と，授業内容に関連する漫画を生徒に手渡されました。生徒は，その本を見ながら「わかった読んでみる」と言って，席に戻りその本を読み始めました。このときの先生は，「学習に取り組みたくない」という生徒の不快な感情を受け入れ，いったん別の学習方法を提案されたのです。

　その後，その生徒は，手渡された本を読んでいましたが，

114

しばらくするとその本を読むことも継続することが難しくなったようで、再度先生のもとに行き、「本を読むのもしたくない」と訴えました。その先生は、いま一度生徒の言葉を受け止め、「そうか、少し休憩してもいいよ」「他の人が学習している様子を邪魔しないように見て回ってもいいよ」と、その生徒に情動を調節する方法を提案されました。このように提案することを通して、生徒が「別のこと」をして、情動を調節し、その後に気持ちよく学習に向かうことができるように促されていたのです。

この先生のように、学習に向き合うことが困難な状況の生徒に、別のことを提案して情動を調節させ、気持ちよく学習に取り組むことができるように促す指導・支援がAldinga Payinthi Collegeでは学校の取組として行われています。この学校では、学習者が学習に前向きに取り組む

図35 Interoception room

ことができにくい情動を感じた際，先生に相談したうえで，タイマーを持って外に歩きに行ったり，Interoception room という，1人になれる部屋に行ってストレッチをしたりして，情動を調整します。

　これらの事例から，教師が情動を調節する方法を提案したり，情動を調節することができる環境を整えたりすることが，児童生徒が主体的に学習に取り組むことにつながるということがわかります。

第4章
「振り返る」フェーズの
自己調整方略

表1 「振り返る」フェーズの自己調整方略

フェーズ	プロセス	サブプロセス	自己調整方略カテゴリー		自己調整方略
振り返る	評価	自己評価	メタ認知的	43	取り組んだ学習の成果と課題を考え，自己評価する
	帰属	原因帰属		44	評価結果の原因や理由を考える
	適用	自己満足	動機づけ調整	45	自らの学習結果に納得したうえで，その後の学習に活かせることを考える
		適用		46	次の学習に活かすことを考える

　表1が「振り返る」フェーズのプロセス，サブプロセス，自己調整方略カテゴリーとその詳細です。このフェーズでは，実行した学習についてメタ認知し，次の学習にどのように活かしていくのかを考えます。

　まず，「評価」プロセスでは，実行した学習について自己評価をします。その際に，学習者はメタ認知的方略を用いて「うまくいったことは何か（成果）」「うまくいかなかったことは何か（課題）」について考えます。次に，「帰属」プロセスにおいて，そのような評価結果になった理由や原因を考えます（原因帰属）。そして，自らの学習結果に対して納得したうえで，その後の学習に活かせることが何かを考え，今後の学習への動機づけを高めます（自己満足）。最後に「適用」プロセスにおいて，「帰属」プロセスで明らかになった「活かせること」を，次の学習にどのように活かすのかについて考えます。このように，「自己評価」「原因帰属」において，実行した学習をメタ認知し，「自己満足」「適用」で次の学習の動機づけを高めることで，これまでに学習してきたことを，次の時間の授業やその他の単元の授業につなげることができ，学習の連続性が生まれるのです。

「評価」「帰属」「適用」のプロセスを基に，小学校低学年において，これらのプロセスを「振り返りの型」として示したことによる効果を教育工学的なアプローチで明らかにしました（木村ほか，2024）。この研究では，小学2年生の国語科の授業において，児童30名に対して「振り返りの型」として「うまくいったことは～です（成果：自己評価）。なぜなら～だからです（成果：原因帰属）」「うまくいかなかったことは～です（課題：自己評価）。なぜなら～だからです（課題：原因帰属）」を示し，それらの型を活用しての振り返りを1単元（10時間）続けたことによる記述の変容を調査しました。

　その結果，図1のように，「成果：自己評価」については単元前半から，比較的多くの児童が記述することができていましたが，「成果：原因帰属」「課題：自己評価」「課題：原因帰属」を記述していた児童は多くありませんでし

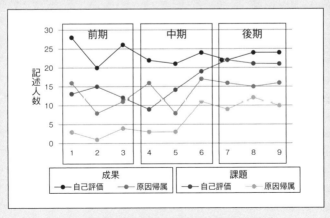

図1　児童の自己評価と原因帰属の記述の変容

た。このことから，**児童は自らの学習を振り返る際に，自らの成果に目を向ける傾向があり，課題には目を向けにくいということ**がわかりました。加えて，成果・課題のどちらにおいても「なぜそのような評価結果になったのか」という評価結果の理由や原因を考え，記述することも，児童にとって難しいことであるということがわかりました。次に，単元後半の結果に着目すると，「課題：自己評価」を記述した児童が「成果：自己評価」を記述した児童と同じ程度に高まりました。さらに「成果・課題：原因帰属」について記述する児童も増加しました。このことから，**型を示し，継続して振り返りを記述することで小学校低学年の児童においても「自己評価」「原因帰属」について記述することができるようになっていくこと**がわかりました。また，児童の記述を詳細に分析すると「課題：自己評価・原因帰属」を記述した児童のほとんどが「次の授業では～していきたい」と「適用」に該当する事柄を記述していました。このことから，児童は課題をそのままにすることに抵抗感をもっていたのではないかと推測されます。したがって，**取り組んだ学習の課題を明らかにすることが，次の時間の動機づけを高めることにつながると考えられ，振り返りに課題を記述することの重要性**が明らかになりました。

このように，型を基に継続して振り返りを記述することで，児童が「評価」「帰属」「適用」のプロセスに沿った振り返りを記述できるようになることがわかりました。

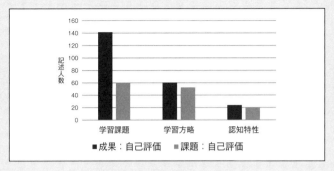

図2 自己評価の記述内容

　次に，図2は，児童が記述した振り返りの内容について整理した図です。成果の自己評価では，単元を通して「学習課題（内容）」について記述した児童が延べ約140名，「学習方略」についての記述した児童が延べ約60名いました。また，課題の自己評価では「学習課題」「学習方略」についての記述がどちらも延べ約60名でした。それぞれの児童の振り返りの記述を確認すると，ほぼすべての児童が「学習課題」「学習方略」についての振り返りを記述していました。また，自らの「認知特性」についての振り返りも20名近くの児童が記述しており，振り返りの型を示すことで，**学習課題についての振り返りに留まらず，方略や認知特性についても振り返ることができるということ**がわかりました。このように，学習課題（内容）について振り返るだけでなく，方法や認知特性について振り返ることは，児童が主体的に学習を進めていくうえで非常に重要なことであると考えられます。

振り返る─評価─自己評価【メタ認知的方略】

43 取り組んだ学習の成果と課題を考え，自己評価する

　「取り組んだ学習の成果と課題を考え，自己評価する」
方略は，**実行した学習の「うまくいったこと」と「うまく
いかなかったこと」について考え，自らの学習を自己評価
する方略**です。学習の成果・課題を振り返るということは，
自らの学習をメタ認知することにつながります。

　図3は，Think Training の**「赤信号・黄信号」**を活用
した自己評価の例です。このツールには，「赤・黄信号」
に課題を，「青信号」に成果を記述します。課題について
は，自らの課題に目を向けることが難しいということもあ
ることから，「まったくうまくいかなかったと思うところ」
と「どちらかと言えばうまくいかなかったと思うところ」
を分けて考えることで，学習の課題が明確になりやすいの

①赤信号	②黄信号	③青信号
うまくいかなかったこと		うまくいったこと
まったくうまくいかなかったと思うところ	どちらかと言えばうまくいかなかったと思うところ	うまくいったと思うところ

図3　赤信号・黄信号の Think Training を活用した自己評価

ではないかと考えました。このように，信号に例えることで自らの学習の成果と課題が考えやすくなり，自己評価も行いやすくなります。

図4は，児童がGoogleスプレッドシートに自己評価を記述している様子です。このシートには，表側に授業時間が，表頭に成果・課題が示されており，このシートに毎時間記述していくことで，単元すべての学習の成果と課題を見渡すことができるようになっています。また，このシートは学級のすべての児童と共有されており，他の児童の振り返りを参照することができるようになっています。自己評価を記述する際に，このようなシートを活用すると，学習の記録を蓄積することができ，学習の成果や課題を次の授業につなげていきやすくなったり，他者参照することを通して学習の振り返り方を学んだりすることができます。

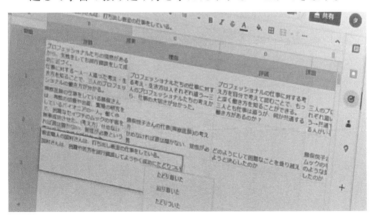

図4　Googleスプレッドシートに自己評価を記述している様子

振り返る―帰属―原因帰属【メタ認知的方略】

44 評価結果の原因や理由を考える

「評価結果の原因や理由を考える」方略では,「なぜそのような評価結果になったのか」ということを考え,自らの学習に対するメタ認知を深めます。

図5はクラゲチャートを活用して,評価結果の原因や理由を考える際の例です。この図を活用することにより,成果・課題としてあげられた事柄について複数の原因や理由を考えることができます。ただ,日々の授業の終末にいつもクラゲチャートを使って評価結果の原因や理由を考えている時間はありません。このように,シンキングツールを使って丁寧に原因や理由を考えるのは,自己調整学習に取り組んで間もない時期の単元の振り返りで行うことが効果的です。クラゲチャートを活用して,評価結果の原因や理由を考える経験を何度かすると,児童生徒は,頭の中で図を思い浮かべながら,評価結果の原因や理由をレギュレイトフォームに記述することができるようになります。

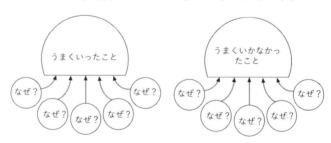

図5　評価結果の原因や理由を考える際の例

124

図6は，高校生が国語科の授業で記述した自己評価と原因帰属の記述です。「上手くいったこと」は「文章の展開の仕方の理解」と自己評価しています。そして，そのように自己評価した理由を「先生の解説を聞いて筆者が立証していく推論と論の展開について理解できたうえ，国語の引き出し（学習支援としての配付物）を用い，特に接続詞に注意しながら読解することができたから」と記述しています。また，「上手くいかなかったこと」は「スプレッドシートの完成」と自己評価した後に，「時間が少しおしてしまった中で，やらないといけないことの優先順位を判断できなかったから」とうまくいかなかったと判断した理由を考え，具体的に記述しています。

　このように，評価結果の理由を考え，記述することで，その時間の成果や課題が明確になり，自らの学習を深くメタ認知することができるのです。

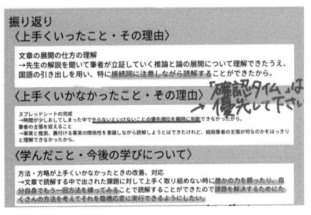

図6　高校生が国語科の授業で記述した評価結果の理由

振り返る—適用—自己満足【動機づけ調整方略】

45 自らの学習結果に納得したうえで，その後の学習に活かせることを考える

「自らの学習結果に納得したうえで，その後の学習に活かせることを考える」方略では，メタ認知的方略を用いて明らかにした評価結果と原因帰属（学習結果）を見直し，それらが納得できる結果と原因・理由であるかを確認します。その段階で，納得のできないことがあった場合は，その点について再度考え直し，自らの学習結果について納得できるまで考えます。このようにしっかりと学習結果に対して納得することで，自らの学習に対しての満足感が高まり，次の学習への動機づけを高めることにつながるのです。

自らの学習結果に納得した後は，明らかになった成果や

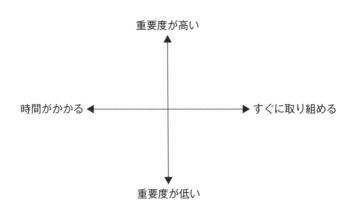

図7　その後の学習に活かせることを考える際に用いる座標軸

課題を基に,「その後の学習に活かせること」について考えます。図7は,その後の学習に活かせることを判断する際に活用する座標軸です。重要度が「高い」か「低い」か,また,「すぐに取り組める(改善できる)」ことか「時間がかかる(すぐに取り組めない)」ことなのかの軸で分類していくことで,その後の学習で活かせることが明確になり,次の時間の動機づけを高めることにつながります。

また,表2のように,「その後の授業で活かせること」を整理するリストを作成し「学習結果(成果・課題・原因帰属)」と「活かせること」をすべての教科・領域で記入して蓄積していくことで,自らの認知特性を理解することができ,自分に合った学習計画を立案しやすくなります。このように,その後の授業で活かせることを明確にすることが,今後の学習に対する動機づけを高めるのです。

表2 学習振り返りリスト(例)

うまくいったこと	うまくいった理由	活かせること
インターネットを使って情報をたくさん集めることができた。	キーワードを短くし,スペースを空けて複数入れて検索したから。	キーワードを短くし,スペースを入れる。
文章に自分の考えを入れて書くことができた。	ピラミッドチャートを使って,文章を書く前に情報を整理したから。	自分の考えを入れる際にピラミッドチャートを使う。
教科書から必要な情報をたくさん集めることができた。	教科書に線を引きながら読んだから。	線を引きながら読む。

うまくいかなかったこと	うまくいった理由	活かせること
グループでの話し合い。	グループで話し合うときに積極的に話すことができなかったから。	自分から話す。
たくさん計算を間違えてしまった。	計算するときに,きっちりと整理しながら書いていなかったから。	丁寧にわかりやすく書く。

第4章 「振り返る」フェーズの自己調整方略　127

振り返る―適用―適用【動機づけ調整方略】

46 次の学習に活かすことを考える

「次の学習に活かすことを考える」方略では,「学習結果」や「活かせること」を基に,次の学習に「活かすこと」を考えます。

図8は,学習結果を基に,次に活かすことを考えるレギュレイトフォームの例です。Google スプレッドシートに自己評価・原因帰属を記述した後に,次の時間に活かすことを図右側の To-do リストに記述しています。このように活かすことを To-do リストに記述することで,次時の目標設定をする際に,このリストを参考にしながら目標を設定することができます。また,次の授業でリストにあげられた To-do が解決すると,解決したものを消していくことができるため,このフォームを活用した児童は,学習

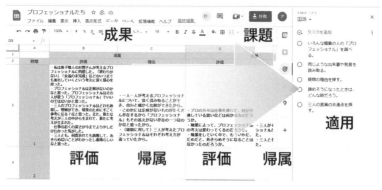

図8 学習結果を基に,次に活かすことを考える
レギュレイトフォームの例①

に対する動機づけを高め，達成感を感じながら To-do を
消していく姿が見られました。

　図9は，図8で独立していた To-do リストと自己評価，
原因帰属を記述する枠を一体化させたレギュレイトフォー
ムの例です。このフォームでは，1枚のシートに自己評価，
原因帰属を記述し，学習結果を明らかにした後に，そこか
ら次の授業に活かすことを To-do リストに記述すること
ができるようになっています。また，このフォームでは，
To-do リストの右に「目標」という項目が設定されており，
To-do にあげられたことを基にして，次の時間の目標を記
述することができるようになっています。このようなフォー
ムを活用することを通して，「振り返る」フェーズの
「評価」「帰属」「適用」，そして「見通す」フェーズの「課
題」「目標」「計画」のプロセスがつながり，児童生徒が主
体的に授業と授業をつなげていくことができるようになる
のです。

番号	名前	エピソード	上手くいったこと	その理由	上手くいかなかったこと	その理由	ToDo　　4/5 完了		目標
							✓ 次に生かすこと		
例	斉藤	昨夜の晩御飯 カレイの西京焼き	焼き加減が絶妙で、香ばしい 味付けにすることができた。	日々の調理の積み重ねによっ て培われた経験値によるもの。	お味噌がフライパンにくっつい てしまい、カレイの皮がフライ パンに引っ付いてしまった。	火力が少し強かったため。	☑ 始めの火加減に気を付ける ☑ 身を返す時さらに、もう少し丁寧に実行する 　 リ付けを気を付ける ☑ フライパンを買い替える ☑ 連携六三郎に弟子入りする		良質の調理方法を編み 出し、クックパッドに投稿 する
1							☐ ☑ ☐		
2							☐ ☐ ☐ ☐		

**図9　学習結果を基に，次に活かすことを考える
レギュレイトフォームの例②**

これらのフォームは，「振り返る」フェーズと「見通す」フェーズに特化されていますが，児童生徒が振り返る際の方略を身につけたら，すべてのフェーズを網羅するフォームに発展させることが重要であると考えます。

第5章
自己調整方略と
レギュレイトフォーム

本書ではこれまで，自己調整方略を身につけ，活用できるようになるために，自己調整方略リストを作成し，そこにあげた46の方略について一つひとつ解説してきました。授業の中でこれらの方略を習得し，活用することができるようになるためには，学習者である児童生徒が本リストを参照したり，リストに示された方略を選択したりして学習に取り組む必要があります。

　本章では，前著で提案した学習を調整するための学習計画である「レギュレイトフォーム」に，自己調整方略の要素を組み込んだ新しいレギュレイトフォームを例示し，そのフォームの構成と先行実践で児童生徒が本フォームをどのように活用・記入したのかを紹介します。

0　自己調整方略を組み込んだ
　　レギュレイトフォーム例

　図1が，自己調整方略の要素を組み込んだ新しいレギュレイトフォーム（例）です。本フォームは，スプレッドシートをベースに作成しました。図1の上部の枠が，「見通す」，中央が「実行する」，下部が「振り返る」のフェーズになっており，自己調整学習のフェーズと対応するように作成しました。本フォーム例では，「実行する」部分が1時間になっていますが，この部分を単元の時間設定に合わせてコピーし，増やして活用します。

132

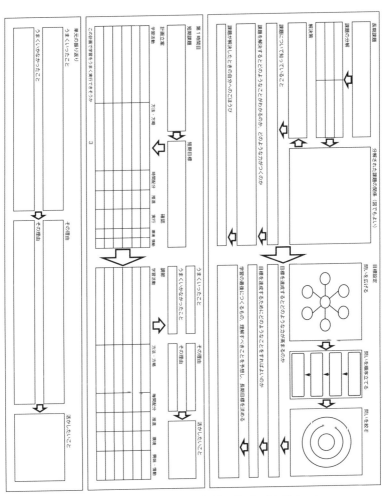

図1　自己調整方略を組み込んだレギュレイトフォーム

第5章　自己調整方略とレギュレイトフォーム

1 「見通す」フェーズ

(1)「課題」プロセスのフォーム

次に，本フォームと自己調整学習のプロセス，サブプロセス，自己調整方略との対応について解説します。

図2は，「課題」プロセスのフォームです。左上にその学習で取り組む課題を記述するようになっています。この課題を，単元を通して解決していくため，この枠には**「長期課題」**と示しました。そして，その下に「課題理解」のサブプロセスに対応する**「課題の分解」「分解された課題の関係」「解決策」**の枠をつくり，考える順序を矢印で表現しました。2つ目の「分解された課題の関係」は，図で表現した方が，分解した課題と課題の関係をその後の授業

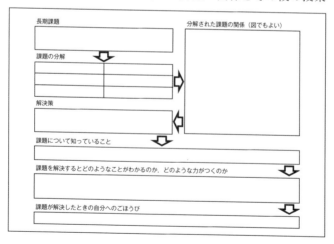

図2 「課題」プロセスのフォーム

で確認しやすいと考え，大きめの枠を配置することにしました。ただ，この枠にＰＣで図をかくのは難しいため，紙にかいた図を撮影して貼りつけたり，授業支援ソフトやプレゼンテーションソフトなどで図をかいて貼りつけたりすることが得策であると考えます。

　次に「課題理解」の下に，「課題興味」の枠群を配置しています。これらの枠も考える順序を矢印で示しています。これらの方略を記述する際には，自分自身の興味・関心やこれまでの学習経験をメタ認知したうえで，フォームに書かれている項目に沿って記述していきます。フォームの順序に沿って記述することで，課題に対する興味・関心を高め，課題を解決することに対する動機づけを高めます。はじめの**「課題について知っていること」**には，これまでの学習で学んできたことや，日常生活の経験から身につけた知識を振り返り，記述します。次の**「課題を解決するとどのようなことがわかるのか，どのような力がつくのか」**には，「課題理解」において明らかにしたことを基に，どのような知識や技能を身につけることができるのかを記述します。このように，単元終了時に自分がどのような力を身につけることができるのかを予想することが，学習者が学習すること自体を楽しむ内発的な動機づけを高めることにつながると考えます。最後に，**「課題が解決したときの自分へのごほうび」**を考えます。学校において自分への褒美を考えるのは難しいことかもしれませんが，学校だけでなく家庭での自由な時間なども視野に入れて考えることで学

第5章　自己調整方略とレギュレイトフォーム　135

習後の楽しみが生まれ，学習に対する動機づけを高めることにつながると考えられます。

(2)「目標」プロセスのフォーム

図3は「目標」プロセスのフォームです。まず「目標設定」として，**「問いを広げる」「問いを順序立てる」「問いを絞る（長期目標の候補を決める）」**の3つの方略をシンキングツールとともに示しています。その際，先ほどの「分解された課題を考える」の枠と同様に，フォームの小さな枠では十分に思考を広げたり深めたりすることが難しいことから，手書きした図を撮影して枠内に貼りつけたり，プレゼンテーションソフトや授業支援ソフトで記述したものを貼りつけたりします。このように，目標を広げたり，

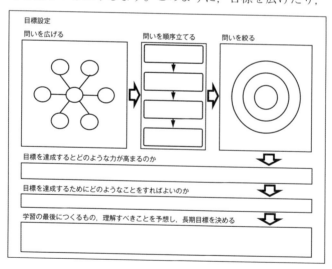

図3 「目標」プロセスのフォーム

順序立てたり，焦点化したりした結果を，その後の学習で参照することができるようにしておくことが，学習者が学習をメタ認知したり，動機づけを維持したりする際に有効に働きます。

　次に，本フォームの「目標設定」の部分には，「目標志向」「結果予期」のサブカテゴリーに該当する方略が示されています。「目標志向」の**「目標を達成するとどのような能力が高まるのか」「目標を達成するために，どのようなことをすればよいか」**は，「課題興味」に示された方略と似通っていますが，課題は他者から与えられた解決すべき事柄であるのに対し，目標はこれまでの自らの学習や能力をメタ認知したうえで自分が現状より高まるにはどうすればよいのかを考えて設定する事柄であり，両者は異なります。したがって，「目標志向」では，自分が設定した目標を達成するとどのような力が高まるのか，そして，目標を達成するためにどのような努力をすればよいのかを考えることになります。続いて「結果予期」の**「学習の最後につくるもの，理解すべきことを予想し，長期目標を決める」**では，明らかにした解決すべき課題と自らが達成したいと考える目標を比較し，学習の最後につくり上げるもの，理解すべきことが何なのかを考え，予想します。すなわち「結果予期」の項目は，「課題」プロセスと「目標」プロセスのまとめのような位置づけであり，ここに記述したことを中心に，その後の学習を確認・調節していくことになるのです。

第5章　自己調整方略とレギュレイトフォーム　137

(3)「計画」プロセスのフォーム

図4が「計画」プロセスのフォームです。このフォームには,「計画立案」「自己効力」のサブプロセスに該当する方略が示されています。

図4の①②が「計画立案」にあたります。「計画立案」のサブプロセスでは,まず,単元のはじめに示された長期課題・目標を基に,短期課題・目標を設定します。フォームでは**「短期課題」「短期目標」**に分けて記述するようにしています。これは,本フォーム上段の「課題」プロセス,「目標」プロセスにおいて,それぞれ課題と目標を区別して考えを深めているからです。また,例に示したフォームでは,第1時間目の項目しか示されていませんが「計画」プロセスでは,これから取り組む単元の全時間の短期課題・目標を設定します。

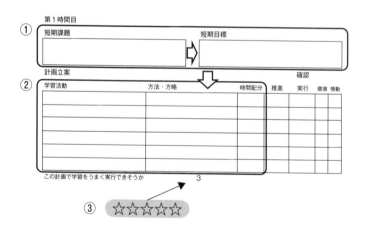

図4 「計画」プロセスのフォーム

短期課題は，教科学習の目標と密接に関わっていないと，その単元で身につけなければならない事柄が習得できなくなってしまいます。そのような状況に陥ることがないように，学習計画を導入した当初は，教員が事前に長期課題，短期課題を記述したものを学習者に配付することがよいと考えます。学習者が課題を設定することに慣れてきたら，課題設定を学習者に委ねます。その際には，「課題理解」において分解し，それらの関係を記述した図が参考になります。分解された課題の関係を再度確認し，どのような順序で学習を進めていけばよいのかを考えたうえでフォームに記述していくことが，長期課題を解決するための計画を立案することにつながるのです。

　次に，課題の解決・目標の達成に向けた学習活動を決め，その活動を行う際の方法・方略，そしてそれぞれの活動の時間配分を考え，決めます。これらを記述する枠が図4の②にあたります。図中の**「学習活動」**は，その前に設定した短期課題・目標を基に，それらの課題を解決し，目標を達成することにつながる活動を考え，設定します。このときも，長期課題を分解したときのように，短期課題・目標を分解するのだと考えると，学習活動を設定しやすくなります。

　活動を記述した後は，その活動をどのような**「方法・方略」**で実行するのかを考えます。方法とは，主に「書籍で」「インターネットで」「表計算ソフトで」といったようなメディア選択です。また，方略とは，「線を引いて読む」

第5章　自己調整方略とレギュレイトフォーム　139

「強調したい部分を太字にしてまとめる」「シンキングツールを使って構造化」するといった学習を進めるうえでの具体的な作戦と捉えると，これらの違いを意識しやすいのではないでしょうか。本フォームを導入した当初から方法・方略をきちんと記述するのは難しいことなので，まずは方法を記述することに焦点を絞り，可能であれば方略も考える，といったように，学習者が記述する枠を段階的に増やしていくことをおすすめします。

　学習活動，方法・方略が決まれば，その次に**「時間配分」**を決めていきます。それぞれの活動の時間配分を学習者が決めるということは，学習を調整していくうえで非常に重要なことです。学習者が時間配分を決めることで，「この活動はだいたい何分ぐらいで終えられそうだ」「このぐらいの時間があれば，十分な成果が得られる活動になるのではないか」「この時間でこの活動を終えるために，どうすればよいのか」といったことを考えることにつながります。ただ，時間配分を決める活動も，はじめから妥当な時間を配分できるわけではありません。時間配分を設定する活動を何度も経験して，自分の能力をメタ認知できるようになってこそ，時間通りに活動を進めていくことができるようになる，ということを学習者自身が知ったうえで，時間配分を設定する活動に取り組むことが大切であると考えます。

　最後に，計画が立案できたら，学習計画を基に**「この計画で学習をうまく実行できそうか」**ということについて検

討します。その際には，短期課題・目標を確認した後に，学習活動，方法・方略，時間配分を見比べ，この計画で学習をうまく実行していくことができるかを５段階で自己評価します。この部分が図４の③にあたります。うまく実行できるかを数字や★の数で表現しておくことにより，数値や★が少ない時間に取り組む際に，うまく実行することが難しそうな部分に気をつけながら学習を進めることができます。このように自らが立案した計画を振り返り，評価しておくことで，その後の学習に見通しをもち，円滑に進めていくことにつながっていきます。

(4)「見通す」フェーズでは

「見通す」フェーズでは，ここで示した「計画」プロセスまでをフォームに記述します。実際の学習では，単元のはじめの授業で，この部分に取り組むことになります。これらにしっかり取り組むと，１時間の授業では終わらないかもしれません。ただ，これまでの学習経験や自らの感情と向き合い，メタ認知したうえで，どのように学習を実行していくのかを考え，学習に対する動機づけを高めていくといったプロセスこそが，学習を「見通す」ということではないかと考えます。

私は，小学校で教員をし，何度も研究授業を経験しました。その際に，学習指導案の作成に非常に長い時間をかけ，授業の「見通し」を明確にしていました。また，現在，教育に関する研究を推進していく際においても，詳細な研究

第5章　自己調整方略とレギュレイトフォーム　141

計画を立案し，何度も見直したうえで，調査に踏み切っています。このように，物事を効果的に効率よく実行していくうえで，時間をかけて計画を立案するということはとても大切なことであると考えます。

　学校教育においては，単元ごとに時間が決められ，「見通す」フェーズにそれだけの時間を要することが難しい状況であることは理解していますが，「見通す」フェーズを丁寧に行うことが，その後の学習活動に大きな影響を及ぼします。学習を「見通す」ことに取り組む当初は，課題・目標を明確にしたり，計画を立案したりすることに長い時間を要するかもしれませんが，このような活動を何度か繰り返すことによって，学習者が自己調整方略を習得し，効率よく学習の見通しを明確にすることができるようになっていきます。

　このように，教師は6か月後，1年後といった長期的なスパンで児童生徒の成長を考え，見通しを明確にする活動を丁寧に行っていくことが大切であると考えます。

2 「実行する」フェーズ

(1)「推進」プロセスのフォーム

　ここからは,「実行する」フェーズのフォームについて解説します。「実行する」フェーズは,「見通す」フェーズで立てた計画を基に, 1時間ごとに学習を進めていくフェーズになります。図5が**「推進」**プロセスのフォームです。

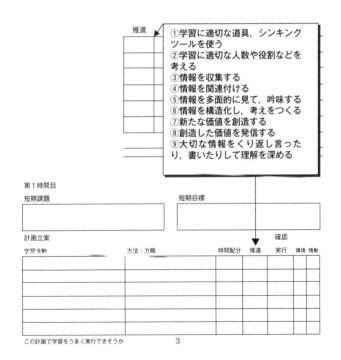

図5　「推進」プロセスのフォーム

第5章　自己調整方略とレギュレイトフォーム　143

「推進」では，それぞれの授業の導入で，単元のはじめの時間に立てた「学習活動」「方法・方略」を確認し，その時間の自己調整方略を設定します。本フォームでは，「推進」と書かれたセルを選択すると，図5のように学習を円滑に推進することにつながる方略が9つ出てきます。学習者はこれらの方略の中から，学習活動ごとにその活動に合った方略を選択し，番号を入力していきます。ここで示された方略は，自己調整方略の中では，リソース管理，認知といった学習行動に関係する方略です。したがって，授業のはじめにこれらの方略を参照し，選択することで「この学習で自分は何をするのか」「どのようにすれば効果的・効率的に学ぶことができるのか」ということを改めて考え直すことができ，学習行動を調整するということに対しての意識が高まります。

(2)「確認」プロセスのフォーム

図6が「確認」プロセスのフォームです。「確認」プロセスでは，「実行確認」「環境確認」「情動観察」を「自己指導」や「自己記録」しながら行います。したがって，このプロセスは，学習活動を実行し始め，しばらく学習を進めた後に実施するプロセスであるということです。

まず**「実行」**（図6右上）では，学習活動が順調に進んでいるかを確認するために示された①～④の方略で学習を確認します。確認した際に複数該当する場合は，その番号をすべて記入します。確認した結果，②～④に該当する活

動があった場合，学習の調節が必要であることを意味します。

次に，**「環境」**（図6左下）です。ここでは，学習環境（机の配置や机上の物など），人数構成，役割分担などについて確認します。

最後に，**「情動」**です。情動観察とは，学習に対する自

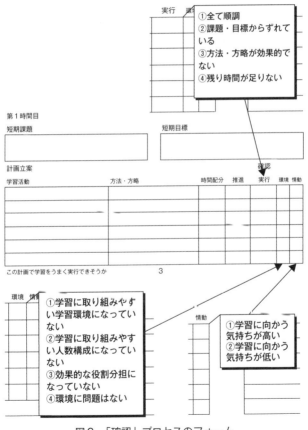

図6　「確認」プロセスのフォーム

らの感情がどうかをメタ認知することです。感情をメタ認知する際に，身体の様々な感覚に意識を向け，学習に向かう気持ちが高い状態か，低い状態なのかを観察し，低い状態であると判断した場合は「調節」プロセスでその感情を調節するよう心がけるのです。

(3)「調節」プロセスのフォーム

　図7は「調節」プロセスのフォームです。このフォームには，「確認」プロセスで「実行確認」「環境確認」「情動観察」をした際に，調節が必要であると判断した枠のみ記述します。「実行確認」において調節が必要であると判断した場合は，「学習活動」「方法・方略」「時間配分」のどの部分の調節が必要かを考え，その部分の枠に，修正した計画を記入します。

　次に，必要があれば「環境調節」「援助要請」「興味促進」「情動調節」を行います。これらを調節する際は，セルをクリックすると自己調整方略のリストが表示されるようになっているので，そのリストから適切な方略を選択し，枠に記入します。なお，**「興味・情動（興味促進・情動調節）」**は，複数の方略を選択して学習を調節する可能性があるため，方略を示す番号をたくさん記入しても番号が消えることがないよう，少し枠を大きくしています。

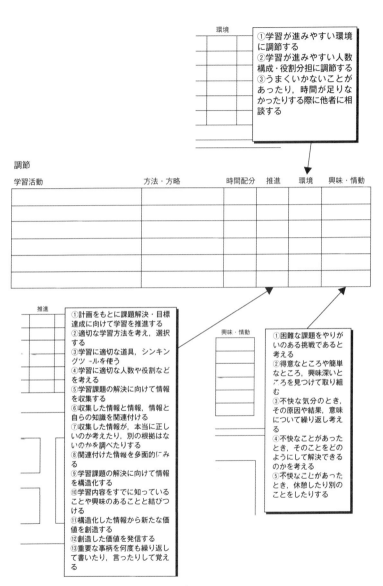

図7 「調節」プロセスのフォーム

第5章 自己調整方略とレギュレイトフォーム 147

(4)「実行する」フェーズでは

「実行する」フェーズでは，単元のはじめに設定した課題や目標を基に，1時間1時間の授業を確認し，調節します。その際に，本フォームに示した自己調整方略を参考にすることで，学習者が主体的に自らの学習を調整することにつながります。

ただ，本フォームには，非常にたくさんの確認・調節する方略が示されています。学習者にとって必要であると考えられる自己調整方略をすべて盛り込んでいます。よって，学習者の発達段階や，学習を調整するという行為に対する慣れなどを考慮したうえで，授業者が項目を減らしたり簡略化したりして，学習者の実態に合ったフォームに改訂して活用を始め，段階的に確認・調節する方略を増やしていくことをおすすめします。

3 「振り返る」フェーズ

「振り返る」フェーズは，1時間の授業の終末と，単元の終末に取り組むフェーズです。したがって，本フォームには，1時間の振り返りの枠と，単元の振り返りの枠が存在します。振り返りを行うプロセスはどちらも同じなので，ここでは単元の振り返りを例にあげ，解説します。

(1)「評価」「帰属」「適用」プロセスのフォーム

図8が，「振り返る」フェーズのフォームです。図8の左から「評価」「帰属」「適用」のプロセスになっています。

「評価」プロセスでは，学習を通して**「うまくいったこと」「うまくいかなかったこと」**という，成果と課題を考えて記述する枠になっています。

次に，「帰属」プロセスですが，うまくいった原因や理由，うまくいかなかった原因や理由を考え，**「その理由」**の欄に記入します。それらの評価結果を踏まえ，自らの学習に納得したうえで，次の学習に活かせることを考えます。

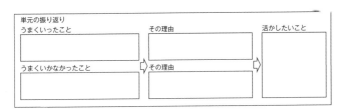

図8 「振り返る」フェーズのフォーム

最後に，「適用」プロセスですが，「評価」「帰属」プロセスの記述を基に，次の学習で評価結果をどう活かすのか考え，**「活かしたいこと」**の欄に記入します。このように記入することにより，次の単元，もしくは次の時間の目標を設定する際に，前時の学習結果を踏まえて目標を考えることができるため，学習の連続性が生まれるのです。

(2)「振り返る」フェーズでは

　「振り返る」フェーズは，1時間の振り返りと単元の振り返りのどちらも同じ自己調整方略で振り返りを行います。

　1時間目の振り返りを行う際は，レギュレイトフォームの「短期課題」「短期目標」の枠を確認し，課題・目標を基に，「計画立案」の枠に書いた「学習活動」「方法・方略」「時間配分」などを参考にして振り返っていくことが大切です。

　単元の振り返りを行う際は，「長期課題」「長期目標」を基に，1時間1時間の振り返りの記述を参考にして単元の学習を振り返ります。

　1時間の授業や単元の学習を振り返る際に，レギュレイトフォームの学習の記録を見返すことで，自らの学習を詳細に振り返ることができ，成果や課題をその後の学習につなげやすくなります。レギュレイトフォームは，学習者が主体的に深い学びを進めていくための学びのカルテなのです。

4 レギュレイトフォームを活用した小学校の授業実践

　大阪市立小学校の斉田俊平先生が，小学4年生の総合的な学習の時間と国語科を組み合わせた授業において，本フォームを活用した実践を行いました。実践時期は2024年2月で，調べたことを他者に報告する単元での実践でした。この実践は，自校の児童が他校（2校）の児童に，自らが調べてみたいことについてアンケートやインタビューを実施し，集めた情報をプレゼンテーションの資料にまとめ，交流する，というものでした。

　レギュレイトフォームを活用した本学級は，年度当初から担任である斉田先生が児童に学習を調整することの重要性を指導されており，日常的に児童が学習計画を作成し，自由進度で学習を調整する授業が実施されていました。それに伴い，児童が学習を調整するうえで重要な情報活用スキルや思考スキル，自己調整スキルについても常に指導が行われており，主体的に学習を進めていくことに対する意識が高い学級でした。

　以下，斉田先生へのインタビューを基に，レギュレイトフォームを取り入れた実践についての成果と課題をまとめます。

(1)成果

①1時間ごとのやることが明確になった

　本実践は，総合的な学習の時間と国語科を組み合わせて実施したことから，13時間というとても長い単元設計でした。

　このように長い単元になると，学習者である児童が「自分が何を学習しているのか」「解決すべき課題のどこに取り組んでいるのか」といったことを見失ってしまうことがあります。しかし，レギュレイトフォームを使って学習の計画を単元のはじめに立案していたことで，児童が学習のゴールである「調べたことを報告する」という長期課題・目標の解決・達成に向け，短期課題・目標を明確にし，その後の学習を見通しながら学習を進める姿が見られました。

②フォームの順番に進んでいくことで，児童が自らの学習を調整することができた

　フォームの順番に考えていけば，課題が分解されたり，学習計画を立て，学習の進捗を確認したりすることができ，児童が自然に学習を調整していました。

　そして，13時間という長い単元で継続して，本フォームを活用することにより，児童は学習の調整の仕方を理解し，教員が指示・助言をしなくても自分で計画を立てたり，自らの学習を確認して，調節したりする姿が見られるようになっていきました。

③課題を分解することで何を学習するのかが明確になった

　長期課題を基に課題を分解し，課題と課題の関係を考えることで，その後どのように学習を進めていくのかのイメージを明確にすることができたように感じました。特に，課題を分解することで，課題を解決するために何をしなければならないのかが明らかになり，学習の見通しをもつことができたように感じました。また，分解した課題の関係を児童が自分なりに図にする時間を設定したのですが，このように関係を図にすることにより，課題に対する理解が深まったように思います。ただ，これについては，非常に時間がかかりました。このような活動を何度か経験すると，適切な時間で関係を図に整理することができるようになる

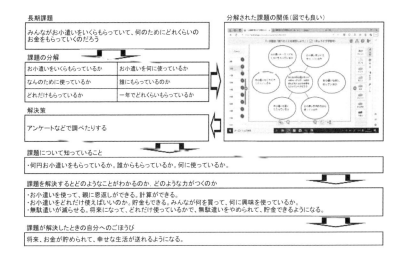

図9　児童が記述したレギュレイトフォームの課題プロセスの部分

第5章　自己調整方略とレギュレイトフォーム　153

と思います。

　加えて「課題を解決するとどのようなことがわかるのか，どのような力がつくのか」「課題が解決したときの自分へのごほうび」などを考えることにより，その学習に取り組む意味が明らかになったようで，学習に対する内発的な動機づけが高まったように感じました。

④学習の確認や調節が意識された

　単元や1時間の授業のはじめに，課題を解決し，目標を達成するための学習活動を考え，方法・方略や時間配分を明らかにしたため，学習計画を基に学習を進めていこうと

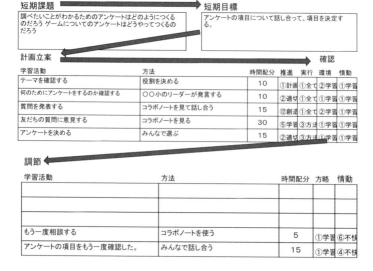

図10　課題・目標・計画・推進・確認・調節プロセスの児童の記述

する意識が高まりました。

　また，計画立案の枠の横に確認や調節の枠が設定されていたため，フォームを活用した授業に慣れてくると，児童が主体的に自らの学習を確認し，必要に応じて調節を行い，フォームに記述していく姿が見られました。

⑤振り返りが次の時間の目標につながった

　授業の最後に「うまくいったこと」「その理由」「うまくいかなかったこと」「その理由」「活かすこと」を書く枠があったことから，そこで児童が自らの学習をきっちりと振

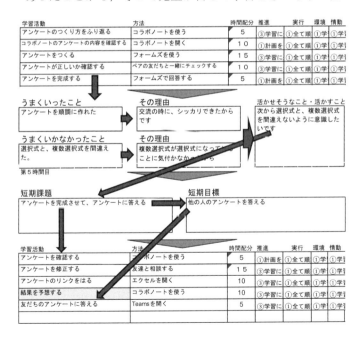

図11　計画，評価，帰属，適用，課題，目標プロセスのつながり

り返ることができたように思います。

　児童たちは学習内容や，学習方法・方略，学習の調整など様々な視点で自らの学習をメタ認知し，振り返りを書くことができていました。そして，それらの理由を書くことで，どうしてそのような評価結果になったのかを分析し，次の時間に活かすことを明確にしていました。

　このように，授業の最後に，次の時間に活かすことが明確になったことから，次の授業のはじめには，前時の「活かすこと」の枠を見て目標を立てる児童がほとんどでした。振り返りの記述を参考にして目標を立てるため，児童たちの中で学習がつながっていったように思います。

単元の振り返り
うまくいったこと

・オンラインでは，意見を言うことができた。また，意見に答えることもできた。
・○○小学校とパワーポイントをつくることができた。
・発表の練習をすることができた。

うまくいかなかったこと

・○○小学校のページを勝手に編集してしまった。
・原稿を完全に覚えることができなかった（ペアの人と練習ができなかった）。

うまくいったことの理由

・オンラインで「意見がある人はいいねボタンをおしてください」などを言ってくれていたから。
・○○小学校と交流して，だれがどこをつくるのかを話し合ったから。
・○○小学校と交流して，発表の練習を何度も行ったから。

うまくいかなかったことの理由

・○○小学校の人がやっていなかったから（間に合わないと思ったから）。
・スライドづくりや原稿を書くので，時間を使いすぎたから。

活かすこと

今後は，スライドづくりや原稿を書くので時間を使いすぎないようにし，原稿を読む練習をあらかじめしておく。

図12　単元の振り返りの記述

また，単元の終わりに単元の振り返りを記述したことで，その単元での成果と課題が明らかになり，今後の学習で活かせることをしっかりと記述することができる児童がたくさんいました。このようにして記述した活かせることを一覧表に整理していけば，様々な教科の授業で，児童がその表を参考にしながら自分にあった学習計画を効率よく作成することができるようになると思いました。

(2)課題
①学習計画の他者参照がしにくかった

　これまで授業では，全児童が同じスプレッドシートに振り返りを記述していました。そのように同じシートに振り返りを入力することで，学習を振り返ることが苦手な児童や，振り返りを記述することが苦手な児童は，他者の振り返りを参考にしてフォームに振り返りを記述していました。しかし，このフォームになると，他者のシートを開き，記述しているところを参照する必要があるので，参照することに手間がかかり，児童は積極的に他者の振り返りを参照しようとはしませんでした。

　ただ，他者の振り返りを参照せず，振り返りを自分で考えようとする姿が多くの児童で見られたことから，そのことは1つの成果かもしれません。

②学習計画や振り返りの比較が難しかった

　学習が進んでいくと，前時の学習の振り返りを参照し，

第5章　自己調整方略とレギュレイトフォーム　157

次の時間の目標を設定するということが定着していきました。そして，さらに学習が進むと，前時だけでなく単元前半の計画や確認，調節の部分を参照し，計画の立案に活かそうとする児童が出てきました。このように自らの学習記録を参考にしながら，学習を進めていこうとすることは，とてもすばらしい姿であると思いましたが，このレギュレイトフォームでは，計画が縦に長く表示されるため，単元前半の記述と中盤の記述を比較することが難しいように感じました。

　ただ，コピーしたりペーストしたりするＰＣの機能をうまく使いながら，これまでの学習の記録を活かして学習計画を立案したり，進捗を確認・調節したりする児童の姿も見られたことから，このようなフォームの書式でも児童は対応することができていたように思います。

5 レギュレイトフォームを活用した中学校の授業実践

　箕面市立中学校の新井雅人先生が，中学１年生の理科において，本フォームを活用しての授業を実施しました。実践時期は2024年２月で，「地震の揺れの大きさや揺れの伝わり方，その規則性について理解し，『地震とは何か』ということを科学的な視点から説明することができるようになる」という長期課題で実施された授業でした。

　本学年の生徒は，これまでの学習経験において，シンキングツールを活用したり，学習を調整したりすることをあまり経験していませんでした。今回の授業実践は，そのような生徒たちに，今後学習を調整しながら学びを進めることを意識づけるきっかけとして行った授業でした。

(1)成果
①生徒の自己調整方略を育成するうえで効果的なフォーム

　本フォームは，自己調整学習のプロセスが細分化されたサブプロセスが示されているうえに，サブプロセスの中から，生徒が自己調整方略を選択することができるようになっており，生徒が自己調整学習を進め，方略を習得していくうえで効果的であると感じました。

　また，本フォームは，自己調整の細かなステップが示されていることから，そのステップに則って学習を進めていくことを何度か経験すると，生徒たちは自己調整学習の流

第５章　自己調整方略とレギュレイトフォーム　159

れを理解し，自ら学習を進めていくことができる力を身に
つけるうえで有効であると感じました。

②枠が埋まっていくことの効果

　本フォームは，自己調整学習の細かなステップが記入枠
として示されており，生徒がそれらの枠に書き込んだり，
自分の学習に合った方略を選択したりすることができるよ
うになっています。フォームがこのような構成になってい
るため，生徒はフォームの枠を埋めていくだけで，自らの
学習を調整することができました。このフォームを活用し
た授業を2～3単元で実施すれば，生徒は自己調整学習の
流れを理解するとともに，自己調整方略を身につけ，他教
科の学習にも活かしていくことができるようになると思い
ました。

　また，授業だけでなく，部活動や委員会活動，家庭学習
といった活動においても，本フォームを活用することで生
徒に自己調整を促すことができると思いました。

③「課題」を分解し，解決策を考えたことの効果

　本フォームを活用することで，生徒は「課題」プロセス
において，これから学ぶ単元の課題を深く考えながら分解
し，理解しようとしていました。課題を分解するというこ
とは生徒にとってはじめての経験だったので，多くの生徒
がつまずき，悩みながら深く考えて活動に取り組んでいま
した。すべての生徒が課題を分解し，理解することができ

るように，個別指導による支援を十分に行い，一人ひとりに寄り添いながらフォームに記述することを確認していったため，想定以上の時間を要することになりました。

しかし，このように課題を分解し，フォームに対する理解を深めたことにより，その後の授業において「先生，今日は何をするの？」といったことを聞いてくる生徒がほとんどいませんでした。これは，課題を分解する活動の成果であると感じます。

本フォームでは，課題を分解し，解決策を考えます。この活動で，どの課題をどんな方法で解決していけばよいのかという大体の見通しをもつことができたのだと思います。

長期課題
| 地震の揺れの大きさや揺れの伝わり方，その規則性について理解し，地震とは何か？が科学的な視点から説明できるようになる。 |

課題の分解

| 震度とマグニチュードの違いを理解する | 地震とは何か説明できるようになる |
| 地面の揺れ，伝わり方について説明できる | 地震によっておこる災害について理解する |

解決策
| 教科書の内容をまとめる。
PCで調べる。
計算を理解できるまで，ワークを解く。 |

課題について知っていること
| P波とS波というキーワードは知っているが，具体的な意味は知らない。 |

課題を解決するとどのようなことがわかるのか，どのような力がつくのか
| 地震の危険性や対策，二次災害について理解できる |

課題が解決したときの自分へのごほうび
| マンガとかをゆっくり読む時間をつくる |

図13 「課題」プロセスの生徒の記述

第5章 自己調整方略とレギュレイトフォーム

そして，課題について知っていることを考えたり，課題を解決するとどのようなことがわかるのか，どのような力がつくのかを考えたりしたことにより，学習に対する動機づけを高める生徒が多かったように感じました。

このように，本フォームのサブプロセスで課題を分解し，解決策などを考えたことにより，課題を理解することができ，その後の学習に対する動機づけを高めることにつながったと思います。

④「課題」と「目標」を分けることの重要性

本フォームを活用することにより，「課題」と「目標」が違うことを生徒が理解することができました。これまでは，これらの違いを明確に生徒に示すことなく授業を行っていました。しかし，生徒が「課題」を「やらなければならないこと」，「目標」を「やりたいこと」と理解することで，学習の優先順位や，それぞれの授業で何をがんばるのかということが明らかになり，意欲的に学習に取り組むことができるようになったと感じます。

特に，課題を理解するために，長期課題を分解し，解決策を考えたときは，教科の内容について何を理解するのかということに対する考えを深める姿が見られました。また，目標を設定するために，問いを広げ，目標を達成するためにどのようなことをすればよいのかということを考えたときは，教科内容を超えた質的な深まりについての目標を立てたり，自ら学習を進めるうえでの学習方法や学習の調整

についての目標を立てたりする姿が見られました。このような姿が見られたことは，本フォームを活用したことによる1つの成果であると感じました。

(2)課題
①フォームに示されている言葉・文章が難しい

　生徒たちは，フォームに示されている使い慣れない言葉や文章についてつまずきや悩みを感じていました。例えば「実行する」フェーズにある「推進」という言葉について，理科の授業と「推進」というプロセスをうまくつなげることができませんでした。

　加えて「推進」の欄は，クリックすると図14の項目が示されます。これらの項目は，探究的な学習の流れで情報活用能力を発揮することを意図して作成されています。しかし，ここに示されている「適切な道具」「多面的に見て」「構造化し」「価値を創造する」といった言葉が，生徒にと

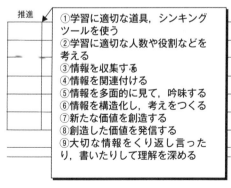

図14　「推進」プロセスの方略

って使い慣れていない難解なものであったため，混乱が生じました。このことから，情報活用能力を育成・発揮する学習活動を取り入れたり，シンキングツールと思考スキルの対応を理解したりするための指導を積み重ねて行くことが重要であると感じました。

　加えて，本フォームに記載されている選択肢については，生徒の実態に合わせて，文言をわかりやすくしたり，数を減らしたりする必要があるように思いました。そのようにフォームを修正する際に，本書に示されている自己調整方略の一つひとつの解説が役立つのではないかと感じました。

②「振り返る」フェーズと「見通す」フェーズがつながりにくい

　自己調整学習を行ううえで，「振り返る」フェーズで記述する「うまくいったこと」「その理由」「うまくいかなかったこと」「その理由」「活かしたいこと」を次の時間の短期目標や学習計画につなげていくことが大切です。しかし，生徒がこのフォームに慣れるまでは，「振り返る」フェーズで記述したことを，次の時間の短期目標に活かすことが難しいと感じました。具体的には，学習計画を立てる際に，前時に記述した「振り返る」フェーズの記述を見ることを忘れていたり，前時の成果や課題を基に目標や計画を設定・修正しなかったりしたということです。

　これについては，フォームの「振り返る」フェーズを記述する部分と，短期課題・短期目標を書く部分が離れてい

たことが1つの原因であると思われたので，目標や計画を設定・修正する際，「前時の振り返りを読み，それを活かすことが大切である」ということを口頭で生徒に何度も伝えました。したがって，本フォームに生徒が慣れるまでは，「振り返る」フェーズと「見通す」フェーズをつなげるという意識を高めるために，声かけなどの支援が必要であると考えます。そうして意識が高まれば，生徒は自然にどの教科・領域においても前時の学習を想起したうえで，本時の目標・計画を設定・修正し，学習に取り組んでいくことができるようになると思います。

参考文献

Aldinga Payinthi College（2020）Guidelines Supporting Regulation

B.J. ジマーマン，D.H. シャンク（編），塚野州一，伊藤崇達（監訳）（2014）『自己調整学習ハンドブック』北大路書房

D.H.Schunk,B.J.Zimmerman（1998）Self-regulated learning -From Teaching to Self-Reflective Practice-,The Guilford press

伊藤崇達（2009）『自己調整学習の成立過程』北大路書房

伊藤崇達（2017）「学習の自己調整，共調整，社会的に共有された調整と自律的動機づけの連続体との関係」京都教育大学教育実践研究紀要第17号

伊藤崇達（1997）「小学生における学習方略，動機づけ，メタ認知，学業達成の関連」名古屋大學教育學部紀要，心理学，44

伊藤崇達・神藤貴昭（2003）「中学生用自己動機づけ方略尺度の作成」心理学研究，74(3)

自己調整学習研究会（2012）『自己調整学習：理論と実践の新たな展開へ』北大路書房

木村明憲（2023）『自己調整学習　主体的な学習者を育む方法と実践』明治図書

木村明憲・黒上晴夫（2022）「自己調整スキルの育成を促すレギュレイトフォームの効果」日本教育工学会論文誌，46巻 suppl

木村明憲・黒上晴夫（2022）「ICT を活用した自己調整スキルを発揮して学ぶ学習モデルの開発」日本教育工学会論文誌，46(3)

木村明憲・渡邉文枝・宗實直樹（2024）「メタ認知を促し学習を自己調整する手立てとしての『振り返りの型』の効果」教育メデ

ィア研究，30(2)

木村明憲（監修）（2024）『自己調整学習チェックリスト リストを用いた授業実践30』さくら社

L.B.ニルソン（著）美馬のゆり，伊藤崇達（監訳）（2017）『学生を自己調整学習者に育てる』北大路書房

村山恭朗ほか（2017）「小学校高学年児童および中学生における情動調整方略と抑うつ・攻撃性の関連」教育心理学研究，65(1)

西村多久磨ほか（2011）「自律的な学習動機づけとメタ認知的方略が学業成績を予想するプロセス」教育心理学研究，59(1)

田中佑樹ほか（2015）「情動調整方略の機能に影響を及ぼす要因に関する最近の研究動向」早稲田大学臨床心理学研究，14(1)

参考実践・資料

新井雅人（2023）中学校1年生理科

原田秀一（2023）高等学校1年生国語科

木村明憲（2020，2021）小学校5，6年生社会科

三宅倖平（2023）小学校4年生体育科

斉田俊平（2023）小学校4年生国語科

田井湧也（2023）中学校1年生技術科

宗實直樹（2022）小学校2年生国語科

山本みいの（2023）中学校2年生保健・体育科

渡邉隆幸（2023）中学校1年生理科

渡邊雄大（2023）小学校4年生国語科

おわりに

　本書では，学習者が主体的に学びを進めることにつなが
るであろう46の自己調整方略を紹介しました。その中には，
小学校低学年から取り組める方略もあれば，中学校3年生
でも難しい方略もあるように思います。

　おわかりのように，これらの方略を学習者が一度にすべ
て身につけることは不可能です。大切なことは，日常の教
育活動の中で，これらの方略を学習者が少しずつ理解し，
習得していくことができるよう，繰り返し経験することが
できる場をつくっていくことだと思います。これらの方略
を身につけることができれば，**生涯にわたって主体的に学
び，主体的に働き，そして主体的に幸せになる力を身につ
けることにつながる**と考えます。

　私は，大学に入学したばかりの学生たちに，「大学生の
学びは自己調整学習である」という話をしています。なぜ
なら，大学での学びとは「目標の達成に向けて，自ら学び
を広げていく学び」「目標の達成に向けて，自ら専門的に
学び深めていく学び」「目標の達成に向け，自ら学ぶこと
を決める学び」であるからです。このような学びを実現す
るためには，学習者である学生たちが，**自ら学習を調整し
ながら学ぶ**ということを強く意識する必要があります。

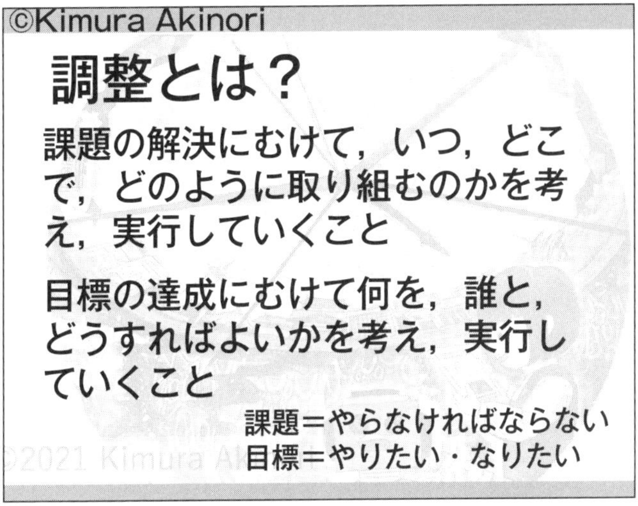

©Kimura Akinori

調整とは？

課題の解決にむけて，いつ，どこで，どのように取り組むのかを考え，実行していくこと

目標の達成にむけて何を，誰と，どうすればよいかを考え，実行していくこと

課題＝やらなければならない
目標＝やりたい・なりたい

図1　学生に「自己調整」を説明する際の資料

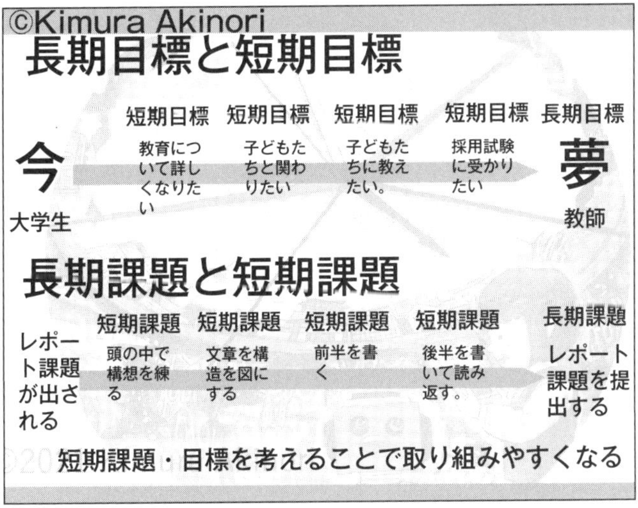

©Kimura Akinori

長期目標と短期目標

今	短期目標	短期目標	短期目標	短期目標	長期目標 夢
大学生	教育について詳しくなりたい	子どもたちと関わりたい	子どもたちに教えたい。	採用試験に受かりたい	教師

長期課題と短期課題

レポート課題が出される	短期課題	短期課題	短期課題	短期課題	長期課題
	頭の中で構想を練る	文章を構造を図にする	前半を書く	後半を書いて読み返す。	レポート課題を提出する

短期課題・目標を考えることで取り組みやすくなる

図2　長期課題・目標を短期課題・目標に置き換える

学生には，「調整」するということを図1のように伝えています。そして，課題を解決し，目標を達成するために，長期課題・目標から短期課題・目標を設定することの大切さを伝え，「自ら学習をコントロールするという意識を高めてほしい！」というメッセージを送っています。そして，図2のスライドを示し，長期目標を達成するために短期目標を自ら設定すること，そして，長期課題を解決するために，短期課題に分解することで課題・目標を解決・達成しやすくなることを伝えます。

　大学生においても，自ら主体的に学びを進めていくのは簡単なことではありません。これは，今までの学校教育において，学習を調整することをあまり経験していないことに要因があるように思います。本書に示した自己調整方略は，学校教育において，学習者による自己調整学習を実現することを目的として執筆をしましたが，これらの方略を身につけていることが，高等教育での学びを支えたり，仕事を円滑に楽しく進めたり，日常生活を幸せに送ったりすることにもつながっていくと思います。

　本書で示した方略が，未来を担う子どもたちと共に，今日を生きるすべての人たちの人生を豊かにすることにつながれば幸いです。

2024年7月

木村明憲

【著者紹介】

木村　明憲（きむら　あきのり）

1977年生まれ。京都市立小学校、京都教育大学附属桃山小学校勤務を経て、現在桃山学院教育大学人間教育学部准教授。2010年京都市総合教育センター研究課研究員として京都市のICT活用、情報教育を研究し、京都市の情報教育スタンダードを作成。2012年パナソニック教育財団の特別研究指定を受ける。

2011年文部科学省 情報活用能力調査 作問委員。2016年NHK「しまった！　情報活用スキルアップ」番組委員、2018年文部科学省委託事業「ICTを活用した教育推進自治体応援事業『情報活用能力調査の今後の在り方に関する調査研究』」問題作成等委員会委員。

主著に『情報学習支援ツール』（2016年、さくら社）、『単元縦断×教科横断』（2020年、さくら社）、『主体性を育む学びの型　自己調整、探究のスキルを高めるプロセス』（2022年、さくら社）、『自己調整学習 主体的な学習者を育む方法と実践』（2023年、明治図書）、『自己調整学習チェックリスト　リストを用いた授業実践30』（2024年、さくら社）

自己調整方略
主体的な学びを実現する46の手立て

| 2024年9月初版第1刷刊 | Ⓒ著　者　木　村　明　憲 |
| 2025年1月初版第2刷刊 | 発行者　藤　原　光　政 |

発行所　明治図書出版株式会社
　　　　http://www.meijitosho.co.jp
（企画）矢口郁雄（校正）大内奈々子
〒114-0023　東京都北区滝野川7-46-1
振替00160-5-151318　電話03(5907)6701
　　　　　　　ご注文窓口　電話03(5907)6668

＊検印省略　　　組版所　広 研 印 刷 株 式 会 社

本書の無断コピーは、著作権・出版権にふれます。ご注意ください。

Printed in Japan　　ISBN978-4-18-227527-2

もれなくクーポンがもらえる！読者アンケートはこちらから　→

「板書」編とセットで
マストバイ！

明日の授業が変わる「発問」の技術

『授業力&学級経営力』編集部 編

選りすぐりを1冊に
授業力&学級経営力 selection

授業名人が考える「よい発問」の条件
菊池省三／盛山隆雄／福山憲市
佐藤幸司／岩下 修／玉置 崇

野口芳宏、有田和正の発問
レジェンドの問いはどこがすごいのか？
山中伸之／佐藤正寿

教科別「見方・考え方」を働かせる発問のつくり方
小林康宏／加固希支男／横田富信／山中謙司

教科別 子どもの思考をゆさぶる発問テクニック
国語／瀧澤 真・宍戸寛昌　算数／尾崎正彦・瀧ヶ平悠史
社会／澤井陽介・柳沼孝一　理科／大前暁政　道徳／加藤宣行　ほか

『授業力&学級経営力』編集部【編】

『授業力&学級経営力』の発問に関わる選りすぐりの記事に、新たな内容もプラスして、1冊にまとめました。子どもの思考をゆさぶる各教科の発問テクニックから、すぐに使えるスモール発問スキルまで、明日の授業が確かに変わる、引き出しいっぱいの技術をお届けします。

136ページ／A5判／定価 1,870 円(10%税込)／図書番号：4631

明治図書 携帯・スマートフォンからは **明治図書ONLINEへ** 書籍の検索、注文ができます。▶▶▶

http://www.meijitosho.co.jp ＊併記4桁の図書番号（英数字）でHP、携帯での検索・注文が簡単に行えます。

〒114-0023 東京都北区滝野川7-46-1　ご注文窓口　TEL 03-5907-6668　FAX 050-3156-2790

子どもがいきいきと活動する学級には
先生の指示ではなく、優れた仕組みがある。

有松 浩司【著】

子どもがダイナミックに動いている学級には、教師の指示ではなく、計算し尽くされたシステムがあります。学級開き、朝の会から、授業のはじまり・おわり、当番・係活動、帰りの会、教室環境、宿題まで、自治的なクラス、進んで動く子どもを育てる為の全システムを徹底解説！

240ページ／四六判／定価2,266円(10%税込)／図書番号：2238

明治図書　携帯・スマートフォンからは **明治図書 ONLINE へ** 書籍の検索、注文ができます。▶▶▶

http://www.meijitosho.co.jp　＊4桁の図書番号で、HP、携帯での検索・注文が簡単に行えます。
〒114-0023 東京都北区滝野川7-46-1　ご注文窓口　TEL 03-5907-6668　FAX 050-3156-2790

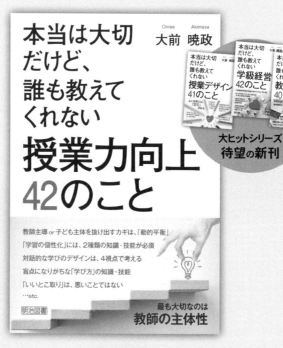

「主体的な学習者」を育む先端的な方法と実践

主体的な学習者を育む方法と実践

木村 明憲 [著]

自己調整学習

Self-regulated learning

子どもたち自身が、自己調整を見通しを明確にもち、理念の中心に据える。自らの学習を振り返り、次の学習につなげる。

明治図書

木村 明憲 [著]

これからの学校教育における最重要キーワードの1つ「自己調整学習」について、その具体的な方法と実践をまとめた1冊。自己調整のスキルと、学習を調整して学ぶプロセスを、3つのフェーズに沿って解説しています。海外における先進的な実践も紹介。

192ページ／四六判／定価 2,156 円(10%税込)／図書番号：2134

明治図書　携帯・スマートフォンからは **明治図書 ONLINE へ** 書籍の検索、注文ができます。▶▶▶

http://www.meijitosho.co.jp　＊4桁の図書番号で、HP、携帯での検索・注文が簡単に行えます。

〒114-0023　東京都北区滝野川 7-46-1　ご注文窓口　TEL 03-5907-6668　FAX 050-3156-2790